大家自述史
005

\>\> \>

DAJIA ZISHUSHI

炎黄文化古

源远义流长

世纪晨曦现

霞光照万方

张岱年自传 **通往爱智之门**

北京大学出版社
PEKING UNIVERSITY PRESS

图书在版编目(CIP)数据

通往爱智之门/张岱年著. —北京：北京大学出版社,2011.1
(大家自述史系列)
ISBN 978-7-301-18212-3

Ⅰ.①通… Ⅱ.①张… Ⅲ.①张岱年(1909～2004)—自传 Ⅳ.①B261.5

中国版本图书馆 CIP 数据核字(2010)第 237553 号

书　　　　名：通往爱智之门

著作责任者：张岱年　著
策 划 组 稿：王炜烨
责 任 编 辑：王炜烨
标 准 书 号：ISBN 978-7-301-18212-3/K·0733
出 版 发 行：北京大学出版社
地　　　　址：北京市海淀区成府路 205 号　100871
网　　　　址：http://www.pup.cn　电子信箱：zpup@pup.pku.edu.cn
电　　　　话：邮购部 62752015　发行部 62750672　编辑部 62750673
　　　　　　　出版部 62754962
印　刷　者：世界知识印刷厂
经　销　者：新华书店
　　　　　　　650 毫米×980 毫米　16 开本　18 印张　169 千字
　　　　　　　2011 年 1 月第 1 版　2011 年 1 月第 1 次印刷
定　　　价：39.00 元

未经许可,不得以任何方式复制或抄袭本书之部分或全部内容。
版权所有,侵权必究
举报电话：(010)62752024　电子信箱：fd@pup.pku.edu.cn

主要作品：《中国哲学大纲》、《张岱年全集》……

目 录

第一部

003 / 前言
014 / 身世：家庭和幼年生活
021 / 求学十年：通往爱智之门
034 / 而立之前：学术思想初步形成
073 / 八年沉潜：专务深思，穷究天人
092 / 物换星移：从《不惑集》到"知天命"
108 / 一场噩梦：被贻误的20年
117 / 新的时期：学术生涯的第二次青春
144 / 望九之年：无厌无倦，壮心不已

第二部

173 / 我的家庭和幼年时期
176 / 在京求学
180 / 30年代至40年代的探索（上）
198 / 30年代至40年代的探索（下）
214 / 50年代至70年代的经历
226 / 80年代的思考
247 / 进入90年代
261 / 平生思想述要
271 / 往事杂忆

第一部

前　言

我生于1909年5月23日,如今已是年近九旬,21世纪也即将到来,可以说,我一生大致经历了20世纪的各个时期。回首前尘,不胜感慨;瞻望未来,我对中华民族的复兴与中国文化的昌盛,充满希望。

中国学术思想史上几次思想活跃、富于创造的高潮,首推春秋战国时期,百家争鸣,学术繁盛;次则魏晋时期,玄学勃兴,思辨风行;再次是北宋时代,理学隆起,中国固有传统得以发扬;明清之际,几位大思想家同时涌现,蔚为壮观。鸦片战争以后,列强侵凌,国人同仇敌忾,图谋振兴,思想上逐渐突破旧规范的束缚,以五四新文化运动而达致巅峰;迨至30年代,国难日亟,全国人民急起救亡,于是马克思主义得到广泛的传播,学术界亦出现了一些独辟蹊径的思想家,可谓又一次百家争鸣。我从30年代初开始加入学术论坛,讨论哲学与文化问题,到现在已经六十多年了。

我自20岁起,兼治中西哲学,既诵习中国古代哲学典籍,也阅读英文哲学著作,而颇好深沉之思,不自量力,拟穷究天人之故。年未"而立"即撰著《中国哲学大纲》,此后又进而研思哲学之究竟,著《天人五论》(即《哲学思维论》、《知实论》、《事理论》、《品德论》、《天人简论》),对于宇宙人生,独抒所见。40岁以后(1949年后),因教学工作专业化,遂专心研究中国哲学史,力图运用马克思主义的立场、观点、方法,对中国哲学史的发展过程进行科学的探索。对于哲学理论问题存而不论,唯对于辩证唯物论的基本原理坚信不疑。光阴荏苒,倏忽四十余年,近年又复对于哲学理论问题感兴趣。昔年章太炎(炳麟)先生在所著《菿汉微言》中自述思想变迁之迹云:"自揣平生学术,始则转俗成真,终乃回真向俗,秦汉以来,依违于彼是之间,局促于一曲之内,盖未尝睹是也。"我的治学经历,可以说是始则由论入史,终乃由史转论。平生学术宗旨,略有可言。

自30年代迄今,我的学术活动约分三个方面:一为中国哲学史的阐释,二为哲学理论问题的探索,三为文化建设问题的研讨。

(一)关于中国哲学史,我所特别注重的有三项:一是彰显其唯物论传统,二是阐发其辩证法思想,三是弘扬其人本精神。同时,关于中国哲学范畴与价值观的考察亦由我首倡,这些都是前人所未注意的,我初步提出了关于中国哲学范畴的理论分析与价值学说的诠释。

张岱年于 1985 年讲《中国文化与中国哲学》,曾提到"以德育代替宗教的优良传统",后来才知道梁漱溟早有此论,可谓不谋而合。

我认为中国自古以来有一个唯物主义的传统，每一时代都有宣扬唯物论的哲学家，唯其所采取的形式有所不同而已。汉代王充"疾虚妄"、南朝范缜论"神灭"，是最显著者。北宋张载提出"太虚即气"、"凡象皆气"，反驳"有生于无"及"天地幻化"的观点，开创了近古时代的唯物论。明清两代的罗钦顺、王廷相、王夫之、戴震，都继承发展了张载的"气化学说"，实为中国古典哲学中的优秀传统。

中国的辩证思维尤为丰富、深湛，孔子讲"辨惑"，道家讲"反衍"，《易传》讲"一阴一阳之谓道"、"刚柔相推而生变化"，都是极其深邃的思想，张载、王夫之更阐发了"两一"理论。

中国古代的"以人为本"的思想尤为值得注意。"以人为本"，即反对"以神为本"，可称为人本主义观点。孔子说："务民之义，敬鬼神而远之，可谓智矣。"以人事为重，而不祈求上帝的保佑，从而确定了中国文化以道德教育代替宗教的传统。中国的一般群众虽然信仰原始多神教和佛教，但知识分子的宗教意识非常淡薄，这主要归功于孔子学说的影响。（我于1985年讲《中国文化与中国哲学》，曾提到"以德育代替宗教的优良传统"，后来才知道前辈梁漱溟先生久有此论，可谓不谋而合，愧未能早读梁老著作。1986年在一次座谈会上，梁先生发言说，儒学不是宗教，儒家一不谈生死，二不讲鬼神，所以决不是宗教。我完全同意梁老的这一观点。）我特别推崇孟子的"良贵"学说，孟子宣扬人的独立人格，特别重视人的人格尊严，对于中华民族精神文化的健康发展，起了巨大的积极作用。

（二）关于哲学理论问题，我始终坚持唯物主义。早在30年代，我学习马克思、恩格斯、列宁的哲学著作，为辩证唯物论的真理光辉所吸引，同时对于现代英国新实在论的逻辑分析方法亦颇赞赏，又认为中国哲学的优秀传统亦有可以继承的内容，于是试图将现代唯物论与逻辑分析方法及中国哲学的思想精粹结合起来，提出了一些管窥之见。

40年代致思所得的臆说有四：物统事理，一本多级，与群为一，兼和为上。我以为，物的存在都是过程，就过程中的变化而言，谓之"事"；就其变化中的恒常而言，谓之"理"。凡物都是事事相续而具有一定之理的过程，可以说是"物统事理"。

物有不同层次，最基本的是无生命的物质，无生命的物质是基本粒子构成的。物质变化而产生了有生命的物质，有生命的物质演化而产生了有心知的有生命物质，物质是一本，生命与心知是较高的层级所具有的特性，是谓"一本多级"。

"与群为一"本是为了修正"与天为一"思想而提出的。孟子讲"万物皆备于我"，庄子讲"天地与我并生，万物与我为一"，程颢宣扬"与万物为一体"，我以为这些都未免失之玄远，只是精神上的自我陶醉。最高的道德境界应是爱国家、爱人民、公而忘私，与社会、国家合为一体，是谓"与群为一"。"与群为一"即是集体主义。

孔子以"中庸"为至德，受到后儒的称赞，程颐对于"中庸"的解释是"不偏之谓中，不易之谓庸"。"中庸"观念含有两层意思，一肯定事物的变化超过一定限度就要转向反面，二要求坚持这个限度以免转向反面。在日常情况下，"中庸"是必要的。在社会变革的时代，"中庸"可能成为前进的阻力。我以为"中庸"不如"兼和"，"兼"是兼容歧异，"和"是保持一定的平衡。在一定条件之下，可以容许"过之"。我认为,矛盾是变化的根源,而和谐是物体存在的基础。"和实生物",新事物的产生实由于一定的和谐,故曰"兼和为上"。

50年代,我研读了以前未读过的马、恩所著《自然辩证法》、《神圣家族》、《德意志意识形态》及列宁的《哲学笔记》,对于辩证唯物论有了更深刻的理解。但此后我对于20世纪40年代以后的西方哲学则无缘做深入研究,不为无憾。我虽已是耄耋之年,但壮心未已,仍愿对于一些哲学理论问题进行探索。

(三) 关于文化问题,我始终坚决反对"全盘西化论",亦不赞同国粹主义,提出"文化综合创新论"的见解。所谓"综合",有两层含义:一是中西文化之综合,即在马克思主义基本原理的指导之下综合中国传统文化的优秀内容与近代西方的文化成果,其中最重要的是吸取、学习西方的科学成就及其与科学发展有密切联系的哲学思想。二是中国固有文化中不同学派的综合,包括儒、墨、道、法各家精粹思想的综合以及宋元明清以来理学与反理学思想的综合。诸子百家各有所长,儒学定于一尊的时代久已过去了。尤其应该将墨家的贡献继承下来。文化的综合创新有一个理论基础,这就是马克思主义的唯物辩证法。"文化综合创新"的核心是马克思主义理论与中国文化优秀传统的结合。

少年时期,我对于民族危机感受极深,痛感国耻的严重,于是萌发了爱国之心,唤起了爱国主义的激情。我深知救国必须有知,于是确立了求真之志,培育了追求真理的热诚。自审没有从事政治活动的才能,于是走上了学术救国的道路。事实上,我也知道仅靠学术是不能救国的。中国的广大人民,在中国共产党的领导之下,经过艰苦卓绝的斗争,终于建立了新中国,中国人民站起来了,解决了民族危亡的问题。这证明了马克思主义理论的正确。直到今天,我仍信持辩证唯物主义。学无止境,我决心在学术园地中继续前进!

回忆往昔,在中学读书时受教于林励儒先生、汪伯烈(震)先生。30年代以后,有幸时常与冯芝生(友兰)先生、金龙荪(岳霖)先生、熊子真(十力)先生晤谈,受益良多。我赞同冯先生研究中国哲学史的一些见解;我努力学习金先生的分析方法;熊先生为文笔力雄健,我读后深受启发。我远慕孔、墨、孟、庄的宏卓深湛,对外钦敬西方哲学家的笃实缜密。虽不能至,心向往之。

近年来,有几位及门学友对于我的哲学思想颇感兴趣,写了一些评述文章,可说是我的知音。古语云"海内存知己,天涯若比邻",何况这些同志都近在咫尺,我的感慰之情是难以言表的。首先应提到的是程宜山同志。宜山同志1978年到北大做硕士研究生,在我的指导之下研读中国哲学史,毕业后潜心研究,造诣更深,1989年写有《综合创造,自成一家——论张岱年先生早期哲学思想》。宜山同志学有根底,对于我的思想了解甚深。1986年,上海人民出版社建议撰写一本《中华的智慧》,我担任主编,即约请宜山同志参加撰写,他写了三分之一以上的篇幅(参加撰写的还有方立天、刘笑敢、陈来同志)。1987年中国人民大学张立文同志邀我写一本系统论述中国文化的书,我亦请宜山执笔,他依据我的文化观点,展开论述,写成《中国文化与文化论争》一书,他的文笔较我丰茂,此书出版之后受到读者的欢迎,友人方立天同志与方克立同志都很赞许。宜山同志工作极其勤奋,竟因劳致疾,于1991年4月不幸病逝,这是我十分悲痛的!

许多学者及他的学生对张岱年的学术思想很感兴趣,写了论述文章。这里张岱年与他的中外学生们在一起。

1986年我应刘宏章同志之邀,到中央党校为研究班讲课,座中有范学德同志,对于我的议论很感兴趣,他借去我的全部存稿,写了许多篇论述我的见解的文章,进行深入的分析评述,1988年辑为《综合与创造——论张岱年的哲学思想》一书,是关于我的思想的专著,刘鄂培同志写了序文。1981年,陈来同志与刘笑敢同志都在我的指导之下攻读博士学位,成果丰硕。陈来同志于1985年写有《张岱年学术思想评述》,后发表于《时代与思潮(三)·中西文化交汇》一书中。李存山同志在北大读硕士学位时也听过我讲课,对于中国哲学史的造诣也很高,他阅读了我40年代的哲学论著后,写了一篇《并非陈迹——张岱年先生早期哲学思想的今日启示》,并以我和加拿大哲学家本格的科学的唯物主义做了比较,对于我的见解了解甚深。中央党校李振霞同志编著《当代中国十哲》,以我为其中之一,邀王中江同志写了关于我的章节。王中江也是我指导的博士生之一。1989年,刘鄂培、钱耕森同志建议编选我的文集,现已由清华大学出版社出版了六卷;首都师范大学出版社出了我的自选集;河北人民出版社又出版我的全集,这些都是我非常感激的。我的学术论著受到这么多同志的注意,我感到非常欣慰。我所提出的一些见解得到这么多同志的赞同,我确实感到吾道不孤。

　　记得少小之时,我就谨遵先慈遗命,做好人而求上进,60年来我始终不敢怠忽,未染任何不良嗜习,平生甚至鲜有思逸休歇的时候,有几年学术研究工作被迫停顿,亦尽力于劳动锻炼或资料整理。如今我虽年近九旬,然脑力未衰,仍愿继续努力进行探索。学而不倦,乐以忘忧,诚不知老之已至矣!

张岱年曾回忆:"在初中读书时,开始有志于学,而我的学术生命可说始于 1931 年,时年 22 岁。"这年张岱年在《大公报·文学副刊》发表《关于老子年代的一假定》,后被《古史辨》(第四册)收录。图为 1931 年时的张岱年。

廿年前，我曾改易陈子昂诗句，曰："前既见古人，后亦睹来者（今之后学才俊，皆来者也）。念天地之长久，吾欣然而微笑。"以是作为我对自己学术人生的画像和对于新世纪的祝语吧。是为序。

1998年8月22日于北京大学中关园

身世：
家庭和幼年生活

先父众清公，名濂，字中卿，一字众清，生于同治十一年(1872)，逝于民国二十三年(1934)，前清进士，任翰林院编修，入民国为国会议员、县知事。先母赵太夫人，河北省交河县赵家庄人氏，生于同治八年(1869)，逝于民国九年(1920)。

我于 1909 年 5 月 23 日(夏历四月初五)生于北京。原籍直隶省(今河北省)献县。我家所在的村庄名叫小垜庄，是一个很小的村庄，属献县杜生镇管辖。到了 50 年代，这个村庄划归沧县，于是我的籍贯就改成河北省沧县了。

张岱年的长兄张申府是中国"新实在论"的代表。他上高中一年级时,班主任汪伯烈发表文章,评述了胡适、梁漱溟、张申府等人的哲学思想。张岱年才知道了张申府与哲学界的关系。图为1981年张岱年三兄弟在一起,中为张申府,右为张崇年。

我出生时，我家卜居北京西城酒醋局胡同，当时家父在京任职，母亲也随同住在北京。因我三岁即随母返乡，对那里没有留下印象，这一地址是一位同族长辈后来告诉我的。

我们张家世居农村，薄有田产，到我祖父渐致丰裕，也许可说是中等地主。祖父有子七人，吾父行六。祖父读书而未应科举，四伯父张润应举中拔萃科，是为张氏应举之始。吾父众清公于光绪二十九年（1903）中进士，改庶吉士，入进士馆肄习法政，光绪三十三年（1907）授职翰林院编修。

辛亥革命以后，到了民国七年（1918），吾父当选为众议院议员。此后，曾任沙河县知事、枣强县知事，也就是县长。赋闲后在北京居住，担任燕冀中学的校董，经常过从往来的朋友有尚节之（秉和）先生、陈紫纯（云诰）先生、刘润琴（春霖）先生等。吾父晚年尤喜黄老之学，以为黄老之学高于儒家之学，他对《黄帝内经》与《黄庭经》颇有研究。吾父素好书法，晚年尝镌一枚印章云："留心翰墨近四十年。"为书崇尚颜体，落笔刚劲凝重，很有气象。他经常为人写条幅，可惜世事变迁，近年已少有留存了。

吾父有一别号，曰"六伦"。他认为在"五伦"（君臣、父子、夫妇、兄弟、朋友）之外，尚有"一伦"，即人与人之间的伦理，即没有朋友关系的一般的人与人之间的社会关系，他因而自号"六伦"。他的这一思想，具有新时代的气息，但也没有完全超越封建的伦常观念。谭嗣同在《仁学》中认为，"五伦"除了"朋友有信"这一伦应当崇扬，其他都应摒弃，尤其是前三伦最为弊病。我感到，父亲思想中的积极因素，还是给了我一定的影响。我在青年时期从事哲学探索时，就比较注意人与人、己与群的关系,特别表彰孔子"己欲立而立人,己欲达而达人"的思想,及今思之,不能说与吾父的态度毫无关系。

我到3周岁时,也就是民国建立那一年,随母亲回家乡居住。所以,我的幼年就在乡间度过,童年的一些记忆也都与乡间的生活有关。

吾母赵太夫人,回乡后主持家务,自己克勤克俭,待人则慈和宽厚。吾母生有四子二女。长兄崧年(申府),大姊张敬,二姊张敏,二兄崇年,我行三,母亲生我时,年已四十。我还有一个四弟。母亲为子女操劳,劬劳实甚。

在兄弟姐妹中,我是较为木讷的一个,儿时没有特别顽皮的故事。而我的四弟则伶俐过人,胆大无惧,他六七岁时,一天独自到一个池塘洗澡嬉水,竟至溺水而亡,没能抢救过来。我自己如今到了耄耋之年,长兄、二兄已在前些年去世,每思及四弟不幸夭亡,亦颇为怅然感慨。

我家住北屋四间、南屋三间,南院还有北房三间。西邻是大伯父家,东邻是二伯父家。记得大约是1918年(民国七年)秋天,东邻二伯父家的场院上柴堆失火,我家场院的柴堆与之相距很近,眼看要烧成一片。母亲急忙指挥长工搬移柴火,幸而没有烧着。但是,母亲由于高度紧张,惊慌太甚,第二天遂患半身不遂,此后即卧病在床。请过几次中医来治疗,但都不见效。这其实就是脑溢血,现代医学也没有太好的办法使病人完全康复。

母亲养病期间,又发生了四弟夭亡这一突如其来的打击。遭此惨变,病情更趋恶化,遂于次年二月十四(1920年4月5日)逝世,享寿仅52岁。吾母病时，全赖二姊服侍，当时我尚年幼，童顽无知，未能帮助服侍，思之甚愧！

我从3岁随母回乡，到11岁重返北京，过了大约8年的田园生活。乡村的质朴，母亲的勤勉，这些应当说给我一生留下了较深的印痕。我一生从未沾染上任何不良嗜好，声色烟酒自不必说，就连一些无害也无益的闲适之道，也不追求。如今垂垂老矣，我仍然像年轻时一样每天尽可能勤勉地读书写作，乐以忘忧，不知老之将至。就是在被打成右派和十年动乱的时候，虽不能从事正常的研究工作，但我仍然保持勤奋的做人准则，被安排在资料室工作，我就埋头整理哲学史资料，就是下放去参加农业劳动，我也不以为苦。这些应当归功于母亲的遗传和身教。

大约是在五六岁，我进了村中的学塾，所学也无非是背诵《三字经》《百家姓》之类"发蒙"读物。之后，父亲为二兄和我延请了一个先生，他是我们的表兄，姓卢。卢先生教我们念《论语》《孟子》《大学》《中庸》四书，只要求背诵，并不讲解。但这也有好处，孔孟的思想当然不能被小儿理解，随着人生体验的增加，其义自见。表兄卢先生还教我们读一些新式小学课本，大约也是父亲有所考虑，我们总归是要到新式学校继续升学的。这几年间，我念的书并不多。但记得有一次，我到村中的公塾中听一位杜先生讲《左传》"郑伯克段于鄢"一节，很感兴趣，也能大致听懂。不过当时没有接着读《左传》。

母亲病逝时，父亲和长兄申府都不在乡中，他们住在北京，闻讯归来，办理丧事。1920年（民国九年）夏初，丧事已毕，父亲就带着长兄、二姊、二兄和我离开家乡，同到北京居住。从此以后，转瞬间过了近八十年，我始终没有迁居北京以外的城市。

1920年夏初，我11岁，重返北京，吾父当时还在国会众议院议员任上，家住在西城劈柴胡同（今称辟才胡同）南半壁街16号。50年代后改称南半壁胡同11号了，现在改变成什么样，我就不知道了，我有好多年没再到那儿去了。父亲在北京住了几十年，始终未置房产，这个住所是以每月银元30元租赁的一个普通的四合院。这里成了我的新家，一住15年，相比后来不断的搬家，这里算是住得最久的地方了。我在此度过了少年时代和婚前的岁月。

在这所四合院中，我住南屋，父亲为南屋写有一副对联，我至今还记得。联云："醴泉无源，芝草无根，人贵自立；户枢不蠹，流水不腐，民生在勤。"寓有对子女勉励之意。他晚年在住宅大门口贴一副对联云："大林容豹隐，原野听龙吟。"表现了他洁身自好、隐居于乱世，而又关心国家民族前途的高尚志趣。

1920年秋天，由长兄申府安排，二兄和我到北京师范学校附属小学插班学习，北师附小，新中国成立后改名宏庙小学了。当时长兄申府已经毕业于北京大学，留校工作，正在北京参加新文化运动和革命活动，在学术界因介绍罗素哲学而知名。他白天都不在家，早出晚归。他在外面的活动也从不告诉家里人，我们只知他很忙。不久他就赴法国参加勤工俭学活动去了。在法国，他不仅继续研究马克思主义，还参加了一些中国共产党创立时期的组织活动，他是周恩来总理当年的入党介绍人。长兄申府几年后才回国，但他此后主要专心致力于哲学研究，走上了纯粹的学者道路。

这几年间，我和二兄经常在一起，一同上学。母亲在世时，常对我和二兄说，你们要努力"要强"，要做个好人。"要强"在北方话里，就是奋发向上之意。我们遵循母亲的遗嘱，努力学习，从不沾染社会上的各种恶习，对于世俗娱乐如打牌听戏之类时尚亦无所好。父亲从不具体过问我们的学业，偶尔加以勉励而已。

二兄插班进入高小三年级，我则上高小一年级，大约相当于现在的小学四年级。毕竟此前我没有受过正规的新式教育，初入学时，有些科目跟不上。家里就为我请了一位家庭教师，补习所缺，结果很快就赶上了。三年之后，即1923年，我念完小学，毕业考试的成绩还名列前茅。当时北师附小的主任（即校长）是张铎民（安国）先生，我毕业后还同他有联系，但几年后他就去世了。

求学十年：
通往爱智之门

　　1923年暑期，我考入北京师范大学附属中学试验班。试验班表示学生的程度较高，入学即念中学一年级第二学期的课程。1926年初中毕业，1927年春考入北师附中高中班，1928年夏高中毕业。

　　学校地处厂甸，那里书肆林立，今天的琉璃厂正在那里。我时常流连忘返，翻阅不少书籍。可以说，中学五年，是我开启心智、逐渐亲近"爱智之学"的时期。

　　早先，我并未立志终生研究哲学，也没设想终生过书斋生活。回想初中毕业时，班主任卢玉温（光润）先生让每个学生写下个人的终生志愿,我写道:"强中国,改造社会;成或败,退隐山林。"这段话在今日看来未免狂放自大,很可笑。我在中年以后,自知不是搞政治的材料,也就专心从事学术研究了。唯有爱国之心、报国之志则是始终不变的。

虽然长兄申府在哲学界声望日隆(后来有评论将他称为当时中国的"四大哲学家"之一),但当时的我对此并没有很切身的感受,甚至不太知道他已是有名的哲学家。初中时,学校也曾请到梁任公(启超)先生来校讲演,但我听不懂梁先生的广东口音,只听明白"要培养健全的人格"一句,也算是见过梁任公先生了。这些事对我后来走上学术道路,可能多少也有点潜在的作用,但我当年主要得益于广泛的涉猎以及与"同学少年"的切磋琢磨。

同学中有一位夏元瑜,是史学家夏曾佑先生之子,我读过梁任公悼念夏曾佑先生的文章《忆亡友夏穗卿先生》,因而向夏元瑜借阅夏曾佑先生所著《中国历史》,读后很感兴趣。元瑜又介绍我拜见了叶浩吾先生,叶先生名瀚,字浩吾,是美术史专家。我当时年纪太小,未能向叶浩吾先生多请教。夏元瑜后来毕业于北师大生物系,多年不相闻了。近年《北京晚报》有文章介绍夏元瑜的情况,我才知道他1947年到台湾任教,现已逝世了。

我又因同学邹国政的介绍,认识了孙海波,当时他正在研习甲骨文。多年以后,闻孙海波已成为甲骨学界一位大家了。前些年曾遇到甲骨文专家胡厚宣同志,我问起孙海波的情况,告以孙氏已经在"文革"期间逝世了。往日与邹国政、孙海波的一段友谊,仍保留在记忆中。不意1995年胡厚宣同志也病逝了。

在中学读书期间,友谊较深的同学有阮庆荪、庄镇基、杨士仁、谷万川、周骏章、陈伯欧、陶雄等。阮庆荪在中学毕业后入北师大英文系学习,大学毕业后即回安徽,音讯隔绝了。庄镇基在北师大中文系学习,长于中国古典文学,新中国成立后在山东师范大学任教,改名为庄维石。杨士仁于中学毕业后入法商学院学习,因患肺结核不幸早逝,才二十多岁,很可惜。谷万川则参加了革命工作,后被国民党逮捕,听说抗战开始后他获释出狱,后来就没有他的消息了。周骏章后来在南京东南大学英文系学习,新中国成立后任西安师范学院英文教授,近年我们彼此有了通信联系。陈伯欧长于文学,笔名陈北鸥。陶雄长于京剧研究。陈于"文革"期间病逝,陶亦久无联系了。追念在师大附中学习时,情形犹历历在目,而老友或逝或远,难以复聚了。追忆往事,感慨系之!

如果说那时我有什么与哲学结缘的重要契机,我想可能要属初读《老子》了。

初中二年级时,同学庄镇基喜谈老庄哲学,引起我对于哲学的兴趣。我读《老子》之初,简直如入五里雾中,对于"道可道,非常道"这样近乎绕口令的隽语,感到莫名其妙。后来读了一本《新解老》,书中说,道即天地万物的最高原理。一句话,让我忽有所悟,对于老子学说有所理解。此后又接着读了《哲学概论》一类的书,对于哲学渐有所领会。

当我对哲学有所了解之后,就对宇宙人生的一些重大问题产生了浓厚的兴趣。我常常独自沉思:思天地万物之本原,思人生理想之归趋。每日晚上经常沉思一两个小时,从那时起养成了致思之习。

初中三年级的时候,附中主任(实即校长)林励儒先生为全校做了一次学术讲演,讲德国哲学家康德的"三大律令",林先生强调这是康德的一个大发现,具有重要的意义。我听了非常感动,非常佩服,从此"要把任何人都看做目的,不要看做工具"这一道德律令,深深印在我的头脑之中。我觉得,林先生的这次讲演,对我一生来说,都是一件非常重要的事情。

高中一年级时,班主任汪伯烈(震)先生开了"中国哲学史"课程,我很感兴趣。汪师兼通文学、哲学、心理学。对于美国现代哲学家詹姆斯的思想有较多的研究,他常和我们谈论当时学术界的情况。汪师在一份题为"认识周报"的刊物上发表了一篇论述当时中国哲学界的文章,评述了胡适、梁漱溟、朱谦之、张崧年的思想,说张崧年(申府)是中国"新实在论"的代表。这时我才稍知长兄申府与当时中国哲学界的关系。

我在作文课中写了一篇题为"评韩"的文章,内容批评韩非反对道德教化、专重刑赏的观点。汪师对《评韩》一文甚为欣赏,在课堂上对全班同学说,张岱年这篇文章写得很好,大学三年级的论文也不过如此。对于汪师的赞赏,我衷心感激。汪师建议将这篇文章刊登在当时《师大附中》月刊上。不过,此文如今已经遗失不存了,否则倒可以收录在我的文集里,也算是对恩师汪伯烈先生的一个纪念。

此后,我写了一篇考证列子的文章,题为"关于列子",内容是证明列子实有其人,反驳列御寇系子虚乌有之说。此文投寄到《晨报》,1928年3月在《晨报副刊》上发表了。这是我在报纸上公开发表的第一篇文章,当时欣喜之情,自不待言。这一年,我19岁,此后就进入大学学习了。

  1928年暑假,我报考清华大学被录取了。当时国立清华大学办学条件在国内首屈一指,声名遐迩,录取比例很低,甚至比北大还难考。开学之后,我得知添设了"军训"一项,由两个国民党军官任教官。我不愿受国民党的所谓"军训",就自动退学了。

  又本拟报考北大,而那年北大招生因故推迟了。适逢北师大招生,遂又前往报考,录取在教育系。既然已被师大录取,我就先去入学了。这时,原师大附中的同班同学阮庆荪、庄镇基、陈伯欧、陶雄、谷万川等,也都考入师大。老同学重又聚在一起,使我很高兴。在北师大,傅继良和我同一班级,我又结识了王重民、孙楷第、刘汝霖、潘炳皋、张恒寿,这些同学友人后来大都成为学有专攻、造诣很高的著名学者。特别是恒寿和炳皋,我们成为莫逆之交。炳皋留学美国时,为我购买了几本马克思主义的英文书籍,对我的帮助很大。50年代以来,恒寿、炳皋与我每年都要聚会几次。惜乎近几年他们相继病逝,良晤难再了。

  当时王重民、孙楷第等组织了一个"努力学社",出版了一期《努力学报》,邀我写一篇文章,我写了一篇,题为"古书疑义举例再补",是一篇考证文章。

  当时阮庆荪、陈伯欧、谷万川等又组织了一个"人间社",是一个研究文学的学社,在此社中我认识了潘炳皋。"人间社"有时请学者来校讲演,还请大兄申府来讲了一次,题为"辩证唯物论与唯物辩证法",颇受同学们欢迎。申府后来在师大开现代哲学课程,讲新实在论哲学,历史系的张恒寿也来听讲,于是彼此结识,成为莫逆之交。

教育系的同班同学傅继良建议合译一本书，于是选译了杜威的一本小册子《教育科学的源泉》，由同学高元白协助出版，傅继良还想合译别的书，但我的兴趣转向中国哲学史，不想译书了。

在北师大读书期间，有一天，学校请来章太炎先生，在室内操场做讲演。太炎先生步行而至，钱玄同、吴承仕、马裕藻、朱希祖这几大弟子陪侍左右，由钱玄同先生代写粉笔板书。太炎先生讲演的题目是"清代学术"，他的南方话我也听不懂，只听得"顾炎武"三个字。总算是见过章太炎先生了。

1931年，鲁迅先生回北平来，我的同学好友谷万川，邀请鲁迅先生来师大讲演，讲演的内容是批判"第三种人"。讲演之后，同学们向鲁迅先生请教一些问题。有人问：先生为何不在北京教书？鲁迅先生答：他们排挤我，我不能来。有的同学提问时称鲁迅为"鲁先生"，鲁迅先生不答；改称"周先生"，他才答话。那天，谷万川租了一辆汽车请鲁迅先生来，后又叫了一辆汽车请鲁迅先生坐车离校。近年有人回忆说鲁迅是步行离去的，这不合事实。我和谷万川一同请鲁迅先生上车，目送他离去，当时情景我还清楚地记得。这固然是无关紧要的闲话，但我说的是一个事实。

从1928年到1933年，我在大学读了五年。当年北京师范大学采用学分制，不计在校年限，学分够了才可以毕业。许多生计困难的学生，往往学到中途就去中小学代课、任教，然后再回师大受学，修满学分后毕业，这就会延误年月。我的情况与之有所不同，但也没能按时毕业。我那时深喜自学，确切说是醉心于哲学，不爱去讲堂听教育学课程，因而过了四年却学分不够，不得不又花一年时间来补足学分,结果读了五年,到1933年才毕业。学分大致补齐时,又写毕业论文,导师是邱椿先生,题目为"怀悌黑的教育哲学","怀悌黑"这一名字是借用了吾兄申府的译法,现在一般译作"怀特海"。写他的教育哲学思想,这是要大致符合我就读的教育系的要求。论文通过了,还被刊登在《师大月刊》上。

大学五年,我大部分时间用于自学,陶醉在学习、研究哲学的莫大快乐之中。这一时期,长兄申府予我许多鼓励和指导,在他的指点下,我阅读了大量哲学论著。关于中国哲学史,我读过梁任公的《论中国学术思想变迁之大势》、胡适之的《中国哲学史》上卷,很感兴趣,但不满足。1931年春,冯友兰先生的《中国哲学史》上卷出版,考察之精、论证之细,使我深深敬佩!我本来对于老子年代问题有兴趣,在冯著上卷的影响下,写了一篇《关于老子年代的一假定》,投寄《大公报·文学副刊》,承编者嘉许,发表出来。此文认为《老子》书当在墨子之后,孟子之前。颇得罗根泽先生同意,后被选入《古史辨》第四册中。同时对《老子》书中若干文句的诠释问题也有所见,写成《老子补笺》若干条,后来发表于《哲学评论》中。

我还在吾兄申府引导之下,读了一些英文哲学著作。最喜读罗素、穆尔(一译摩尔)、怀特海、博若德之书。对于此派学者的逻辑分析方法甚为赞赏。20年代末30年代初,关于辩证唯物论的译籍比较流行,很受年轻人的欢迎。我也读了恩格斯的《费尔巴哈论》、《反杜林论》和列宁的《唯物论与经验批判论》(旧译)的中译本。虽然译笔不甚明畅,但能窥见大意。我对辩证唯物论(包括历史唯物论)的基本观点心悦诚服。我把辩证唯物论与现代西方的新实在论、实用主义、生命哲学、突创进化论、新黑格尔主义以及超人哲学等,做了比较,认为还是辩证唯物论既博大精深又切合实际,实为最有价值的哲学。在30年代,有人宣扬唯物辩证法,而反对形式逻辑;也有人依据形式逻辑来攻击辩证法。当时吾兄申府既宣扬唯物辩证法,又重视形式逻辑,认为二者都是重要的,彼此并无矛盾。申府主张将唯物辩证法与罗素的逻辑分析法结合起来,并多次宣扬"列宁、罗素与孔子三流合一",也就是说,要将孔子的"仁"与列宁的唯物辩证法和罗素的分析方法三者结合起来(惜乎有志未成,没有写出系统的著作)。我当时大致也持和他相同的观点。

在这些哲学著作的滋养下,我的思维非常活跃,初步形成了自己的一些哲学见解,而1932年吾兄申府主编《大公报·世界思潮》副刊,给我提供了机缘,使我能够把自己的这些见解很快发表出来。这一年我又发表了《先秦哲学中的辩证法》、《秦以后哲学中的辩证法》、《"问题"》、《辩证法与生活》等文。1933年,发表《辩证法的一贯》、《谭"理"》、《论外界的实在》、《世界文化与中国文化》、《辩证唯物论的知识论》、《爱智》等文。这些长短不同的学术文章,颇引起学术界的注意,许多人并不知道我只是二十三四岁的青年人。我当时文章署名,多用我的字——季同。

吾兄申府与熊十力、金岳霖、梁漱溟、冯友兰诸先生都是挚友,虽然学说不同,但很敬重他们,既深佩熊先生的文笔雄健,也佩服金先生分析精细,他曾经撰文推重金岳霖先生是中国哲学界第一人。

由吾兄申府的关系,自30年代初以后,我有机会认识这些哲学前辈并当面向他们请教,谈论学问,从中我受益匪浅,促使我进一步思考。当时那些谈话,因历时久远,内容大部分都已记不清了,但是有些片言只语却因其含有深切的意蕴,能够联系当时中国哲学界的一些情况,从而给我留下深刻印象,至今记忆犹新。前几年我曾对此略加忆述,写了《哲苑絮语》若干则。

1932年,我由申府介绍,初次拜访金岳霖先生。金先生就对我说:你写的《"问题"》一篇,我看过,逻辑分析精细,写得很好。我们走的是分析的路子,这是哲学的一条可行之路。我拜访冯先生,谈到有关中国哲学的问题时,彼此见解也很相近。

1932年前后,熊十力先生看到我在《大公报·世界思潮》上的文章之后,对吾兄申府说起,我想和你弟弟谈谈。于是我遵吾兄之嘱到东城去拜访熊先生,向他请教一些关于理学和佛学的问题。熊先生赠我他的著作《新唯识论》与《破〈破新唯识论〉》。晤谈后,熊先生意犹未尽,还给我写了一封信,这就是《十力语要》卷一的首篇《答张季同》。今抄录于兹,以见前辈提掖后学之苦心之厚意,也借此表达我对熊先生的怀念之情。

答张季同

作文与读览两不能废,两不可废,然真工夫实有在作文读览之外者。《论语》"默而识之",《易》曰"默而成之,不言而信,存乎德行"。此是何等功夫!贤者大须留意。子曰:"学而不思则罔,思而不学则殆。"此"思"字不是常途所谓思想,此"学"字亦非读书之谓。《论语》"博学于文","文",不谓书册也。凡自然现象皆谓之"文"(如云天文与鸟兽之文等),人事亦曰人文。《易·系传》言"仰观于天,俯察于地,近取诸身,远取诸物",皆博文之谓,皆学之谓也。故学则不外感官经验,而思则不限于感官所得,其默识于不言之地,炯然自明。而万物之理,通于一而莫不毕者,故贞信而无所罔也。此思也,吾亦名为证会。如唯限于感官经验,则可以察物则之分殊,而万化根源,终非其所可窥也。令兄前有信来,以谓今人只知张目求见,不悟闭眼始有深会,见处甚高。时贤哪得语此?又东方学术归本躬行,《孟子》"践形尽性"之言,斯为极则。(形谓身。身者道之所凝,修身以体道,此身即道之显也,是谓践形。性亦道也,人禀道以生,既生而能不拘于形气之私,乃有以复其性,即弘大其道,而性分无亏欠,故曰尽性。)故知行合一之论,虽张于阳明,乃若其义,则千圣相传,皆此旨也。欧风东渐,此意荡然。藐予薄殖,无力扶衰。世既如斯,焉知来者?前函令兄,欲贤者得暇且图把晤,想尚未见此函也。

看来熊先生对于我所发表的有辩证唯物论倾向的那些文章,不能赞同,但他又觉得孺子可教,所以才专门写信给我兄张申府,约我去他那里谈话。我有一次去访熊先生,他谈起自己治学的体会,并对我说:"林宰平先生说,你老熊以师道自居。我有所得嘛,为什么不居?"熊先生好学深思,对于宇宙人生的真理确有自己的心得,不愧为哲人导师也。我的哲学见解虽不能和他尽同,但我十分崇敬其人。

1932年9月,冯友兰(芝生)先生在《大公报·世界思潮》副刊第一、二期上发表了《新对话》(一)、(二),假托朱熹和戴震两位幽灵的对话,以阐述"理",主张"共相实在之说",提出"未有飞机之前先有飞机之理"的著名观点。张荫麟先生随后发表《代戴东原灵魂致冯芝生先生书》、《戴东原乱语选录》,认为共相不能脱离具体事物而独在。

所争的核心是"理在事先"还是"理在事中"。

这一学术辩论,引起了我探讨共相问题的兴趣。过了几个月,在1933年3月30日发表《谭"理"》一文,提出我的观点。我通过汇集、梳理中国哲学史有关"理"字,用分析哲学的方法对所谓理的意义进行了分析。认为所谓理最少有五项不同的意谓,即(一)形式,(二)规律,(三)秩序,(四)所以,(五)当然。这五项意谓虽有联系,但也有区别,我认为要使讨论有意义,就须注意区别,特别是(二)和(四),即规律和所以的区别,所以乃是一物所根据之规律,而不得谓之即某物之规律。而所根据之规律必不可违,亦必遵循。可以说:一物之规律有二,一所根据并遵循之规律,一所只遵循之规律。如以生物现象而论,物理规律是其所根据并遵循之规律,而生物学的规律则是所只遵循之规律。

我提出两项论断:(一)理是实有的,外界有理,共相是外界本来有的,不因我们的认识而始存在。(二)外界虽有理,但无独立自存之理,理依附于个别的事物,并没有"理的世界",理只在事物的世界中。文章指出,社会有社会的规律,在没有社会以前,不能说有社会的规律;生物有生物的规律,在没有生物以前,不能说生物的规律。我认为:在理的形式、规律、秩序三项意谓下,说"未有甲物之先已有甲物之理"是不可能的。但可以说,未有甲物之前已有甲物之"所以",即已有甲物所根据之规律。更精密点说,已有甲物所根据并将来亦遵循之规律,而无甲物所只遵循之规律。如未有飞机之前,可以说已有飞机所根据之规律,而飞机的共相却是飞机造成之后才有,是因飞机之存在而存在的。

文章认为：我们可以说，理不在哪一个个体，而不离所有的有那理的个体。不过如此说亦有语病，所谓不在哪一个个体者，其实不是不在哪一个个体，而是不限于在那一个个体。认为：新实在论者所主张的超乎时空的潜在，未始非由于一种误会而起。实际上，理并不是不在时空，而是不限于在特定的时空。似乎可说，并不是潜在，而只是相当的泛在。

《谭"理"》一文，既反对唯心论者认为事物规律是人心所赋予的主观论，也反对唯理论者认为在事物的具体世界之外还有理的共相世界的观念实在论；同时也不同意实证论者的唯名论，而肯定理的客观性。

随后，5月间，我又写了《论外界的实在》，进一步证明外在世界的客观存在，反驳主观唯心论。主观唯心主义认为世界依靠此心而存在，佛家讲"心作万有"、"万法唯识"，影响殊深。一些实证论者认为外界实在的问题是一个无意义的问题；有些论者则认为外界实在只能由实践来证明，在理论上是无法证明的。我认为，外界实在是哲学的一个根本问题，绝非无意义的，固然可以由实践加以证明，但是，如其是真理，必然也可以从理论上加以证明。

我的结论是："我所感觉之对象，并非因我之感不感、知不知而生灭或有无，或最少有不因我之感不感、知不知而生灭或有无者。外物对于我是独立的，存在非即被知觉，外界乃实的。我之知我身与知物同，因而，我如承认我自己是实在的，便必亦承认外物是实在的。如幻同幻，如实则亦同实。我固不能自认为幻，必认为实。知并不等于造，所知非依知而起。本来，说一切心造是容易极了，但任举经验中一物而问心如何造之,则极难言;且心是如何一回事,盖亦难说。物原非心造,心只能知之;如欲将物改造之,当由身有所动作。知是对于独立存在于知者之外的事物之辨别。外物不缘此辨别而有。"

此文在《大公报·世界思潮》发表时,正是日本加紧侵略步骤、华北危急之际,故吾兄加了一段"编者特记"说:"季同此篇,析事论事,精辟绝伦。切望平津读者不可因敌迫城下,心神不宁,遂尔忽之。同时更宜信:有作出这等文字的青年的民族并不是容易灭亡的。"对于吾兄的勉励,我非常感激!我这篇文章,主旨是辩证唯物论,内容分析较细,从不同方面进行了缜密的论证,恐怕也有苛察缭绕的倾向,不敢承誉。但是,吾兄所言,确实也道出了民族危亡之际一切爱国儿女的共同心声,我那时确实有这样的信念:一个民族要独立于世界,不能没有自己的哲学。而这个能使中华民族振兴的哲学,必然既是唯物的,也是辩证的。

我加入到哲学论坛的最初情况,大致就是这样。

而立之前：
学术思想初步形成

1933 至 1937 年,我 24 到 28 岁,年未"而立"。然而,这短短四年在我的人生中却有莫大的意义。

近年来,一些同志肯定我 80 年代提出的"文化综合创新论",我很感谢。然实则早在 30 年代中期关于中西文化的讨论中,我已经提出这一观点。1935 年 11 月,孙道升先生(清华哲学系毕业,师从冯友兰先生)发表《现代中国哲学界的解剖》一文,除评价胡适、梁漱溟、冯友兰、熊十力等的学术思想之外,同时还以张申府、张季同(我早年发表文字,多以张季同署名)为解析的唯物论的代表。我当时主张将辩证唯物论、分析哲学和中国传统哲学中有生命力的部分,三者结合,创造出中国新的哲学。这其实就是我在哲学理论上的"综合创造论"。

这四年间,我不仅参加了当时主要的哲学讨论,发表了一系列文章,还撰写了50万言、首部以哲学问题为纲的《中国哲学大纲》。在此以后长达八年间,我身陷沦陷区,蛰居不出,思想虽进一步深化,但没有公开发表任何新作,实际是从中国现代哲学论坛上消失了八年之久。因此可以说,这四年是真正标志我的哲学思想形成的一个重要时期。

1933年,我从北师大毕业,受聘为清华大学哲学系助教。因我当时已经发表学术论文多篇,颇有新意,所以,一经冯友兰先生、金岳霖先生推荐,梅贻琦校长随即批准了。这是我第二次进入清华大学,五年前我考取清华,因不满国民党从那年开始推行"党化教育"的所谓"军训"而自动退学了。

秋季开学,让我讲授"哲学概论"课程。从吾兄申府之建议,我采用了 D. S. Robinson 的 *An Introduction to Living Philosophy*(《当代哲学导论》)英文本作为教材。该书中内容分(一)导论,(二)唯心论,(三)实在论,(四)实用主义,(五)其他派别。主要是按类型来讲的。我授课时,增加了西方古代及近代哲学的材料,并且较详细地讲述了辩证唯物论,称之为当代最伟大的哲学。教学同时,我写出《辩证唯物论的人生哲学》等文。

初登讲坛授课,我并不以口辩为能,而是以观点和条理取胜。又因我当时已常在报刊上发表论文,故能受到学生欢迎。记得当时听课的有社会学系四年级的学生刘古谛,与我年岁相仿,也能安心听课。

我到清华任教之次年,不幸遭遇大故,吾父众清公患病不愈,于1934年3月4日(夏历正月十九日)逝世,家里一阵慌乱。父亲身体素健,春节后得疾,不意转剧,遽尔弃世。我自11岁丧母以来,和父亲共同生活了14年,对于父亲突然辞世,深感悲痛,郁郁成疾。

办完丧事之后,兄弟三人分家,大家庭解散了,我离开了居住十几年的南半壁街旧居。因父丧忧伤影响健康,我于暑假前辞去了清华教职,进城暂住当时的北平图书馆宿舍,一面静养,一面读书。

这期间,张荫麟先生曾来访谈,令我感动。友人张恒寿、潘炳皋亦常来共谈。恒寿、炳皋是我大学好友,往来从不间断。而我在清华任教,最值得纪念的一件事情就是与张荫麟先生定交。荫麟字素痴,长我5岁,他才华横溢,对于哲学、史学、文学都有很高的造诣,曾留学美国斯坦福大学,1933年回国,在清华大学任专任讲师,即副教授。他虚怀若谷,看到我在《大公报·世界思潮》上发表的评议他和冯先生论战的文章,表示赞同。他时相过访,我们彼此议论相近,遂成挚友。遗憾的是,后来在抗战时期,荫麟先生不幸在南方逝世。他只是一时糊涂,走错一步,国民党大员陈诚邀请他担任秘书,他不应该答应,结果他答应了。不到几个月,他就辞了秘书之职,但生活因此变得复杂了,不能再回清华,去了浙江大学。假如他一直留在清华当教授就好了。后来听说他的家庭又出了问题,有病时没人照料,不到40岁就去世了。他在学术上很有建树,年寿不永,实为学术界一大损失。现在人们对他了解不多,直到近年,才由清华大学出版了一部

《张荫麟文集》，听说台湾早就给他出文集了。

1935年，我自己成家了。早在父亲在世时，由冯友兰先生及吾兄申府介绍，我就认识了冯先生堂妹冯让兰女士。让兰1932年毕业于北京师范大学中文系，毕业后到天津南开中学担任国文教师，两年后回到北平。不久，我和让兰就在北平成婚。从此我们相濡以沫，共同度过了六十多个春秋，真正是白头偕老。抚今追昔，我心中非常感激数十年来她所予我的关心和帮助。

婚后，我们在辟才胡同二条二号租房居住，那里与我原先的旧居相距很近。这所住宅有三间宽大的北屋，两间西屋。我的《中国哲学大纲》一书即在此处写成。

1936年秋，仍由冯友兰先生推荐，我重回清华大学，继续担任哲学系助教，讲授"哲学概论"与"中国哲学问题"两门课程。"中国哲学问题"这门课，即以即将完成的《中国哲学大纲》一书为讲授内容。我讲这门课时，座中听讲者有冯宝麟、赵甡等。后来冯宝麟改名为冯契，赵甡改名为赵俪生，新中国成立后都已是名满天下的著名哲学家、史学家了，而到了80年代，他们仍称我为师，不忘师生之谊，令我十分感动。冯契同志1995年春初忽然病逝，令我不胜哀悼。

我这次在清华的教学工作只持续了一年，第二年就发生了"七七事变"，我的生活又发生了重大改变。

1935年4月，冯友兰先生、汤用彤先生、金岳霖先生等在北平发起并成立了中国哲学会，召开了中国哲学会的第一次讨论会。冯友兰先生鼓励我在会上发表一篇论文。于是我写了《生活理想之四原则》一文。

1935年4月,中国哲学会由冯友兰、金岳霖等发起成立,并召开第一次讨论会。冯友兰鼓励张岱年在会上发表论文。这是晚年的张岱年同冯友兰在一起。

这篇文章提出关于人生理想的四个基本观点，现撮要言之：

（一）理生合一。我认为：在人生哲学中，最大的问题可以说是生与理的问题，生即生命、生活，理即道德的规律。生与理有其统一：生包含许多矛盾，必须克服生之矛盾以达到生之谐和。所谓理即是生之谐和。董仲舒讲"正其义不谋其利，明其道不计其功"。如所谓利指个人之利，所谓功指个人之功，这话可以说是正确的。如所谓利指人群之大利，所谓功指社会、国家之功，这句话便是谬误了。实际上，求群之利是义，计群之功即是道。

（二）与群为一。我认为：以前的哲学家喜讲"与天为一"，认为与天为一是人生最高境界，实则这种境界对于人群、对于社会并无补助。在生活上应与之合一的不是天，不是万物，而是人群，是社会、国家。我们不必讲与天为一，而当实践与群为一。与群为一即是与社会国家为一体，现在中国人之最大职任即在于拼其生命以维护中国之生存。

（三）义命合一。"义命合一"是借用北宋张横渠的成语。义是理想的当然，命是现实的必然，两者是对立的，然而有其统一性。如想得到圆满的生活，必须一方面认识自然的限制，一方面力践所认为应当的。不应因现实的一时的限制，而放弃当然的努力。

（四）动的天人合一。所谓动的天人合一，是对静的天人合一而言。静的天人合一指"与天为一"的神秘境界。动的天人合一是以行动来改造天然，而达到天人的谐和；要改造自然，但不要毁伤自然。人生之价值即在加入自然的创造历程中而做自觉的创造。文章指出，"合一"不同于"同一"，合一亦云统一，是二物相倚不离而成一整体,虽成为一整体而仍有分别。

总之,这篇文章所谓的"理生合一",是对于中国古代哲学所谓"义利之辨"与"理欲之辨"的修正;所谓"与群为一"及"动的天人合一",是对于庄子所谓"万物与我为一"以及宋人"与万物为一体"的修正,而发挥了《易传》"先天而天弗违、后天而奉天时"之说;所谓"义命合一"是儒家所谓"知命"与墨家所谓"非命"的综合,而特别发挥了张横渠"义命合一存乎理"的思想。

我至今仍认为这篇论文在内容上,确实提出了一些较新的见解,批评了宋儒对"义利之辨"与"理欲之辨"的不适当的强调,更批评了道家一派以及宋儒所讲的"万物一体"的神秘境界,进而宣扬"与群为一"的人生理想。但这篇文章也有不足,一是写得不够通俗,二是采用了一些古旧的术语,四项观点之中的三项都用了"合一"来表示,"旧瓶"装"新酒",不免令人费解。因此此文发表之后没有引起人们的注意。

这次中国哲学会是在北平召开的第一次全国性的学术讨论会,盛况空前。会议由汤用彤先生、冯友兰先生、金岳霖先生等主持,与会的人很多,胡适、林志钧、张申府、汪奠基、贺麟等都参加了。

会上也有一些趣事,我记得在一次讨论中,某先生发表哲学见解,为了举例,忽然指着金先生说:"像金岳霖先生,他不过是我的观念而已。"张申府就插话反对说:"金岳霖是物质实体,怎么是你的观念呢?"贺麟接着插话:"金岳霖是一个人,怎么是物质呢?"后来金先生站起来说:"听了某先生的发言,我是某先生的观念,感到自己好像不存在了;张申府先生说我是物质,我又感到自己还是存在的;贺麟先生锦上添花,说我不仅是物质,而且是一个人,我很感谢!"

这个故事,表现了金岳霖先生的才智和幽默的态度。我后来才知道,金先生这番话不仅仅是幽默,也表明了他的哲学观点。我重回清华哲学系任教后,有一次在系里每两周召开一次的讨论会上,我谈到哲学各派见解不同,说有些哲学家专讲语言分析,有些哲学家注重统一的世界观。金先生接着说:"现在我就是要搞统一的世界观。"我原先以为金先生专讲分析,此时才知道金先生是要建立一个本体论的体系。

以下回顾一下我在1937年以前哲学思考的主要方面。除了《中国哲学大纲》一书外,我30年代所写文章,大致可分为四类:(一)关于中西哲学史的论述;(二)对于辩证唯物论的阐释;(三)关于哲学理论问题的见解;(四)对于文化问题的观点。今略述(一)、(二)两方面的大要,而对于(三)、(四)两方面,以及《中国哲学大纲》的写作缘起和内容,则作较详细的回顾。

关于中西哲学史

我先后写有:《先秦哲学中的辩证法》、《秦以后哲学中的辩证法》、《纪念斯辟诺莎诞生三百年》、《颜李之学》、《中国元学之基本倾向》、《中国思想源流》、《中国知论大要》等。其中比较重要的是关于中国哲学中的辩证法的两篇。以前讲中国哲学的很少谈到辩证法,有的也只是谈到老子,对于中国哲学中丰富的辩证思想,很少涉及。我着重论述了老子、《易传》、扬雄、张载、王夫之的辩证观点。但讲得也不完备,没有讲孔子及朱熹的辩证思想。

关于辩证唯物论

我写了《关于新唯物论》、《辩证唯物论的知识论》、《辩证唯物论的人生哲学》。其中《关于新唯物论》一文依据自己的心得对于辩证唯物论哲学做了简要而比较全面的评述，以今天的标准看其中也有不尽恰当之处。《辩证唯物论的知识论》一文展示了辩证唯物论的认识论的科学体系，意在表明：马克思主义的辩证唯物论的认识论，不仅具有一些深湛的观点，而且具有一个缜密的系统。《辩证唯物论的人生哲学》一文是对于马克思主义道德学说的阐述。我当时就认为马克思、恩格斯、列宁虽然没有关于伦理道德的专门著作，但在他们的著作中，已含有非常深刻的关于伦理道德的理论观点，因而试图加以阐释。但我当时还没有机会读到《德意志意识形态》，故此文所见也是不够完备的。

关于哲学理论问题的见解

30年代有不少学者试图提出自己的哲学观点，我当时虽年轻，但也有青年人的朝气。经过几年刻苦研读，广泛接触了中外古今大量的哲学著作，感到自己对于哲学问题形成了系统的见解。我有幸常与当时哲学界代表人物如冯友兰、金岳霖、熊十力诸位先生见面谈话，作为后学晚辈，我虚心聆听他们的阐说，我向他们所提出的问题大多集中在他们专擅的范围，尽可能学习前辈的长处。譬如，我向熊先生请教中国哲学史、心学、佛学的问题，同金先生谈论分析哲学，而和冯先生谈宋儒的理学也多同感。彼此见解不同之处，我则默而保留,不遑辩论,以存事长者之古道。但这不妨碍我从正面发表我自己的见解。

我服膺辩证唯物论,《谭"理"》一文,就是从唯物立场批评冯先生"理在事先"之说,可说是反对了客观唯心论,也反对了实证论者的唯名论;《论外界的实在》一文,则从理论上证明外在世界的客观存在,主要反驳了主观唯心论。这两篇是我早年的重要文章,在我的《学术论著自选集》(首都师范大学出版社,1993年)中列在最前面。

我还写了一些论述辩证法与逻辑分析方法的短文,如《辩证法与生活》《辩证法的一贯》《相反与矛盾》《科学的哲学与唯物辩证法》《逻辑解析》等,都发表于《大公报·世界思潮》副刊。还写过评介维也纳学派的文章《维也纳派的物理主义》。我认为维也纳学派对于传统哲学的批评确有可取之处,但是维也纳派认为哲学只能是对于科学命题的分析,表现了哲学消灭论的倾向,这是我不能同意的。因此,我赞同罗素与穆尔的逻辑分析方法,而对于维也纳派的逻辑实证主义则不以为然。

我自己当时的哲学见解,较集中地体现于《论现在中国所需要的哲学》一文,1935年发表于《国闻周报》上。30年代以来,我一直关心中国哲学的前途问题,考虑中国哲学复兴的道路。1934年我在《中国思想源流》一文的结语中说:

> 西洋思想之输入,当是对于中国的思想力复活之刺激。中国的创造思想无疑地要复活……中国民族现值生死存亡之机,应付此种危难,必要有一种勇猛宏毅能应付危机的哲学。此哲学必不是西洋哲学之追随模仿,而是中国固有的刚毅宏大的积

极思想之复活,然又必不采新孔学或新墨学的形态,而是一种新的创造。中国若不能创造出一种新哲学,则民族再兴只是空谈。哲学上若还不能独立,别的独立更谈不到。中国要再度发挥宏大、刚毅的创造力量。

这是我所期待的,也是我所努力从事的。《论现在中国所需要的哲学》这一篇,提出了我对于未来中国哲学的见解。我认为当时中国所迫切需要的哲学,最少须满足四个条件:

(一)能融会中国先哲思想之精粹与西方哲学之优长,成为一大系统;

(二)能激励鼓舞国民的精神,给国人一种力量;

(三)能创发一个新的一贯大原则,并能建立新方法;

(四)能与现代科学知识相应合。

我认为,中国所需要的哲学必须是综合的。保守旧哲学的传统或根本唾弃旧哲学而企图做西方哲学系统下的一分子,都是不能适应现代中国之特殊需要的。对于中国过去哲学,须能抉取其精粹而发展之、光大之,辨识其病痛而革正之、克服之,同时对于西方哲学亦要批判之、吸收之。我们所要创造的新哲学,固须综合东西所有哲学之长,然而综合应有别于混合或调和。真正的综合必是一个新的创造。

文章具体提出,现在中国所需要的哲学,其内容必须具有如下特征:

(一)在一意谓上是唯物的;

(二)在一意谓上是理想的;

（三）是对理的（dialectical）；

（四）是批评的（critical）。

我当时既强调了唯物论的重要，而又讲未来哲学既是唯物的又是理想的，其意认为所谓唯物主要是本体论与认识论方面的观点，并不蕴涵关于人生理想的学说，所以又提出"理想的"，意在将唯物论与中国哲学关于人生理想的优秀传统结合起来。

所谓"对理的"，即是辩证的。当时我认为辩证法的译名不甚切当，于是兼顾音义，改译为"对理法"。"辩证法"一词是依据希腊文翻译的，瞿秋白曾译为"互变法"，后来"辩证法"一词比较流行。30 年代有人认为不太恰当，试图改译。张东荪改译为"对演法"，张申府曾改译"对勘法"，我也曾兼顾音义试译为"对理法"。后来申府著文说，"辩证法"已经约定俗成，不必再改了。40 年代我在私立中国大学授课时，总觉得讲自然界的辩证规律云云，似有"拟人"之嫌，自然界哪有"辩论证明"可言。于是曾试改为"辨证法"，"辨"系分析判别之义，意较辩论之"辩"为宽泛。无奈"辩证法"久已通用，难以改变了。我近年终觉得辩证法的"辩"字不甚恰当。

所谓批评的，即分析的。20 年代初，英国哲学家博若德（Broad）把哲学分为两类：一为玄想哲学（speculative philosophy），二为批评哲学（critical philosophy）。所谓批评即分析之义。穆尔、博若德与罗素都强调逻辑分析方法（logical analysis），其所谓逻辑指形式逻辑。

30 年代，中国学术界曾出现所谓辩证法论战，主张形式逻辑的反对辩证法，认为辩证法是诡辩；而主张辩证法的反对形式逻辑，认为形式逻辑是所谓形而上学思维方式，是没有价值的。吾兄申府认为形式逻辑与辩证法都是必要的,二者并无矛盾,而是相辅相成的,以为应将唯物辩证法与形式逻辑的分析方法结合起来。我完全同意申府此说。于是写了《哲学上一个可能的综合》一文,试图提出自己关于哲学理论问题的系统观点。

我大胆提出"今后哲学之一个新路,当是将唯物、理想、解析综合于一"。文章赞扬了马克思、恩格斯的辩证唯物论,而主张"以唯物论为基础而吸收理想与解析"。认为中国哲学最注重生活理想之研讨,应继承修正而发挥之;近二三十年来解析派的哲学有大的发展,应容纳解析派之新贡献。我认为,所谓唯物乃谓物质为最基本的,为生与心之所从出;物为心、生、理之本,而无先于物者;物的世界即是一切,无离物之所在。解析法之要义在于辨意谓、析事实,汰除混淆,削减含忽,而以清楚确定为目的。中国近三百年有创造贡献的哲学家如王船山、颜习斋、戴东原都是倾向于唯物论的,现代中国治哲学者应继续王、颜、戴未竟之绪而更加扩展。

此文又进而提出"将唯物、理想、解析综合于一的哲学"的一系列基本观点。

方法论,注重三事:

(一)知行合一(理论与实践的统一);

(二)解析法;

(三)对理法(辩证法)。

知识论,注重五事:

(一)知之物的基础(物质存在是认识的基础);

(二)知与行的对立统一;

（三）知之群性（认识的社会性）；

（四）感与思之对立统一（感觉经验与理性思维的联系）；

（五）真知之变与常（相对真理与绝对真理）。

宇宙论，注重三事：

（一）历程与事物，宇宙为一大历程，在此历程中，流转迁变者为"事"，较事常住者为物；

（二）理或物则，一物之性即一物之理，理即在事物之中；

（三）一本多级，物为一本，生、心为二级。生、心皆物发展之结果。

人生论，注重五事：

（一）天与人的对立统一，人乃天之所生，天人有矛盾，克服此种矛盾，乃得天人之谐和。

（二）群己关系，群己一体，个人修养之最高境界是与群为一；

（三）生与理之统一，生包含矛盾，克服生之矛盾，以得生之谐和，即达于理；

（四）义与命的对立统一，命是自然的限制，义是当然的理想，二者是对立而统一的；

（五）战斗与谐和的统一，生活必须克服逆阻，以达到真实的谐和。

这篇文章提出"将唯物、理想与解析综合于一"，实际上包括两方面的综合：一方面在方法上将唯物辩证法与形式逻辑的分析方法综合起来；另一方面是将现代唯物论哲学与中国古代哲学的优秀传统结合起来。"唯物、理想、解析"三者结合这一观点，实受吾兄申府的启发。吾兄申府多次提出"列宁、罗素与孔子,三流合一"。即将列宁的唯物辩证法与罗素逻辑解析法和孔子的仁学统一起来。我颇同意。但我认为,关于中国哲学,不但应重视孔子,也应重视道家和墨家的精神思想,而更应发明王船山、颜习斋、戴东原的理论贡献,并高扬之。

此文发表之后,上海苏渊雷先生的来信(此信后收入苏渊雷先生所著《中国思想文化论稿》一书),表示赞同,我十分高兴。但此外没有更多的反响。文中对于马克思主义唯物论的解释亦未必能得到当时宣传马克思主义唯物论的同志们的同意,而我在文章中用了一些自造的术语,如将对立统一称为"两一",将分析称为"解析"等,这大概也是此文不能引起很多人注意的原因。

《哲学上一个可能的综合》所举一系列的观点,比较简略,未做详细的论证。1936年我又将历年致思的札记编成《潜思录》,亦题为"人与世界",其中对于这些观点有较详细的论证。主要观点是:存在即是历程,宇宙是生生不已的变化大流,宇宙一本而多级,物质是一本,物质、生命、心知共为三级。人生之道是克服生命与生命的矛盾冲突以达到生命与生命的和谐。

在《人与世界》的后记里,我这样概括说:

> 在此当略说我现在的思想之要点。在宇宙观,我的主要意思可以说是生生两一、一本多级。宇宙是生生不已的变易大流,而变易之所以是规律,在于两一即对立而统一。宇宙是一本而多级的。物质为一本,物质、生命、心知共为三级。在人生观,我的主要意思可以说是克服矛盾、与群为一。人生之道,在于戮天

宰物,克服生与生之冲突,以达到生之和谐与圆满。而个人生活之最高准则是与群为一,即与社会民族合为一体,不分群我,以群为我。在知识论,我则注重物为知基,由感而思。物是知的基础,并非存在即被知觉,而是知觉决定于存在。在知识中,由感官与行动而有感觉,由感觉与言语而有思维,思维基于感觉,而能越出感觉之局限。由思维可引发新的感觉经验,由新的感觉经验可以裹正其思维。

这是我30年代哲学思想的主要内容。

对于文化问题的观点

30年代,文化问题曾引起热烈的讨论。胡适之等提倡"全盘西化",梁漱溟先生则宣扬中国传统文化。当时我对于文化问题也很感兴趣,于1933年写了一篇《世界文化与中国文化》,提出了自己的文化观点。

我认为:中国文化是世界中伟大的民族文化之一。一个民族的文化,如果不与较高的不同的文化相接触,便易走入衰落之途。一个民族的文化与较高的文化相接触,固然可以因受刺激而获得大进,但若缺乏独立自主精神,也有被征服、被消灭的危险。近代中国遇到了外国资本主义的文化侵略,而国内有人提倡"全盘欧化",显然是有害的。现在要仍旧保持旧文化,那是不可能的,但西方资产阶级文化也到了将被否定的日子。社会主义的世界性的文化必然要到来。中国必将产生新文化而成为那世界性的社会主义文化的一部分。中国人如果守旧不改,则无异于等着毁灭;如果妄自菲薄,以为百不如人,则难免有被外来侵略者征服的危险。中国旧文化的改造,同时就是新文化的创成,也可以说是中国文化的复兴。文章强调必须用辩证方法来分析文化。可以看出,在这个问题上,从30年代到八九十年代,我的观点是一贯的。

1935年,我又写了《关于中国本位的文化建设》、《西化与创造》。这两篇都是反对"全盘西化",而主张创造新的中国文化。文章认为:中国文化中之病态的腐蚀的部分应克除之、破坏扫荡之;而其中健康的活的部分不唯应保持之,而且应发展之,提高之,扩充之;西洋文化中之好的优良的,应尽可能地采纳吸收过来,而其中不好的有流弊的,则无须追随模仿。

对此论点,我特别做了哲学上的论证。文章强调文化是可析取的,不承认"文化有不可分性",认为,西方文化可以说有许多要素或成分,有些要素有必然关系,必须并取;有些要素无必然关系,却可取此舍彼。如科学与为科学之基础的哲学思想有必然关系,如取科学,便不能不取"戡天"、"知即力"等哲学思想。西方于科学之外尚有耶稣教,我们取西方之科学却可不必连带亦取其宗教。文化并无不可分性,而是可析取的。西方有宗教有科学,我们可不必把宗教也采取过来,而只取科学。但在取科学时,我们不应只取应用科学,也应同时取理论科学;又不应只取科学知识,而应取科学方法与科学精神;不唯取科学精神,更应取为科学之基本的哲学思想。

文章提出了"文化创造主义"一说,主要是针对专讲模仿的全盘西化而言的,同时也指出,"创造不能凭空,必有所根据,我们可以根据东西两方文化的贡献作为发展之基础"。《西化与创造》一篇是对于一位"全盘西化论"者质疑的答辩,比较详细地说明了我的文化观点。可以说,80年代我所提出的"综合创新论",是早在30年代中期,就已基本形成了的。

《中国哲学大纲》之撰作

30年代中期,我完成了第一部重要的专著《中国哲学大纲》(副题为"中国哲学问题史")。当时我鉴于20年代以来,关于中国哲学史的研究虽然颇为兴盛且已有可观的成绩,如胡适先生、冯友兰先生的大著问世,但我对此并不满足。我感到,当时的中国哲学史著作,主要还是对代表人物、学派的分类、分期的叙述性研究,真正旨在清理并重构中国传统哲学体系,特别是以问题和范畴为"纲"研究中国哲学史的著作,似乎还没有。

要弥补这项缺憾,成了我撰作此书的最初动机。因此,从1935年到1937年初,历时两年多,我集中精力将中国古代哲人所讨论的主要哲学问题一一选出,分别叙述其源流发展,勾勒出中国传统哲学之整个的条理系统,写成这部50余万言的以问题为"纲"的中国哲学史。

当初确定这样的目标,无疑是自我挑战。假如按一般的哲学史写法,虽然也不容易,但只要依照哲人的时代顺序叙述,毕竟在纲领组织上没有太大的困难。而我要以问题为"纲",叙述中国哲学之整个系统,则部类之分划,问题之厘别,处处需大费斟酌。尤其是事属草创,困难就更多。

我首先要解决的问题是"中国有无固有的哲学"。今天的读者或许对此不能有深切的感受，而在30年代的背景下，这却不是一个其义自明的问题。当时确有一种看法，中国只有伦理学、政治学而没有哲学，哲学就等于西方哲学，或把西方哲学看做是哲学的唯一范型，与西方哲学的旨趣、方法有所不同的，就只能算是另一种学问而非哲学。我提出：可以将哲学看做一个总的类称，而非专指西洋哲学。我们可以说有这样一类学问，姑且总称之为"哲学"，其中一个特例是西洋哲学，而凡与西洋哲学有相似点，而可归入此总类者，都可叫做哲学。中国哲学与西洋哲学在根本旨趣上未必尽同，然而在问题、对象及其在各种学术中的地位上，与西洋哲学颇为相当。以此意义看哲学，则中国旧日关于宇宙人生的那些思想理论，也就同样可以称为哲学。

我反驳了崇拜西方哲学一派的偏激观念，确认中国有中国的哲学。但是，问题仍然没有完全解决。在当时的中国哲学研究中，还有专以印度佛教哲学为尚的倾向，也有把伦理思想、政治思想、宗教观念、艺术观念等笼统一概地等同于哲学的倾向。我就用逻辑分析的方法，解析"中国哲学"这一名词。

首先，所谓中国哲学，既可以指中国人的哲学，也可以指中国系的哲学。我提出，哲学可以分为几大支系，即西洋系、印度系、中国系。中国人的哲学，未必就是中国系的哲学，例如中国佛学，便是中国人的而属于印度系的哲学。其根本旨趣，问题（概念、范畴），方法，都是从印度传来，所以中国佛学虽产生在中国，却不属于中国系，不是由中国哲学传统中产生出来的，而是由印度哲学传统中产生出来的。

其次，哲学又有一般与特殊之不同，中国哲学可以专指中国之一般哲学，也可以指中国之一切特殊哲学。如中国的政治思想、艺术观念之类，只是特殊个类的哲学，而不是研究宇宙人生最根本问题的总的哲学。我要建立的是"中国系的一般（普遍）哲学"的基本框架。

因此，关于"大纲"一书的研究对象和论述范围，我在《自序》中就这样解释："本书所谓中国哲学，专指中国系的一般哲学。中国的佛教哲学，虽是中国人的，而实属于印度系，故不在本书范围之内。而一切特殊哲学，如历史哲学、政治哲学等思想，皆不在本书范围之内。中国古书中，又有不少思想，与哲学有关，而实并非哲学，最显著者如汉儒之术数思想，可以说是宗教思想，本书亦皆不加论列。此外中国古书中的科学萌芽，虽极其珍贵，却不是哲学，本书也一概不述。如此区别哲学与非哲学，实在是以西洋哲学为表准，在现代知识情形下，这是不得不然的。"

我既然要以问题为"纲"，即以哲学的各个基本概念、范畴的源流迁变为要点，来研究中国传统哲学的体系，那么，从学理上说，就还有一个很大的难点。这就是，中国哲学家对于其所讲的学问，未尝分门别类，中国哲学既然本无形式上的条理系统，我们是不是应该以条理系统的形式来表述之呢？有许多人反对给中国哲学加上系统的形式，认为这样有损于中国哲学的本来面目，或者以为至多应以天、道、理、气、性、命、仁、义等题目顺次论述，而不必勉强组织成系统。

我经过反复思考，确信应该且可以分出条理，从而组织中国哲学体系。理由有三：（一）从现实的需要看，为抵制"全盘西化"，我们不能听任中国的哲学不成一强健的体系；民族的复兴，有赖于新哲学的建设,而新的哲学断不能没有传统的根基。所以,目前来讲中国哲学,最要紧的工作恰恰正在于要揭示出其固有的系统。(二)从中国哲学自身的内容看,完全有资格被视为体系。中国旧有的哲学,可以约略分为宇宙论或天道论、人生论或人道论、致知论或方法论、修养论、政治论这样五个部分。其中宇宙论、人生论、致知论三部分为其主干;总此三部分,正相当于西洋所谓哲学。而修养论与政治论可以说是特殊哲学,不在一般哲学范围之内。(三)中国哲学固然原本浑融一体,无有区分,而为求叙述上的清楚明晰,诚不得不加以区分。给中国哲学穿上系统的外衣,实际并无伤于其内容,至多不过如太史公作《史记》,"分散数家之事",然也无碍于其为信史,并非对本来面目之亏损。我们对于中国哲学加以分析,实乃是"因其固然",依其原来隐含的条理,而加以解析,并非强加割裂。

我坚信中国哲学实本有其内在的条理,不过不细心探求便不能发现之而已。为此,我对于问题的选择与排比,部类之分判与命名上,前后凡更易十余次,仍不能尽惬吾意。在每一问题之下,分述诸家学说,虽不能尽免"分散数家之事,甚多疏略"之病,但我努力地去做,一毫不敢存轻率苟且的态度。筚路褴褛,以启山林。草创之艰,希后世读者有以谅之。

写作"大纲"一书时,我碰到了征引材料是否影响主干论述的行文问题,我在书中引用了大量原文资料。这其实是中国哲学史研究的特殊性使然,我以往撰写哲学理论方面的论文,通常只是径抒己意即可。我认为,一般不宜过多引用过去哲学家著作的原文。然而对于中国传统哲学而言,却有一种特殊情形,即中国哲学的研究,尚没有脱离考证的阶段。所谓"考证"是广义的,不只是指史实的考据,而兼指学说的考订。要讲中国古代哲学,要对某个哲学家的学说有所诠释,实在有必要"拿证据来"。因此讲中国哲学,引哲学家的原文,实不只是引,而亦是证;不是引述,而更是引证。"大纲"一书引原文甚多,即缘于此。

关于撰作哲学史的方法,我也有所思考,可概括为四点:

(一)审其基本倾向

中国哲学研究,应先辨识中国哲学的基本倾向,详言之即中国宇宙论之基本倾向,中国人生论之基本倾向等。如不先对于中国哲学之基本倾向有所认识,必不会深刻了解中国哲学家之学说。举例来说,如不知道中国哲学向来没有对于非实在的现象与在现象背后的实在之间的区别,便不能了解中国哲学中的宇宙论。不知道中国大部分哲学家以"天人合一"为基本观点,则不会了解中国的人生论。基本倾向即是基本假定,有的是明言的,更有的是默认的。默认的尤需辨识,而亦最难辨识。

(二)析其辞命意谓

对于过去哲学中的根本概念之确切意谓,需作精确细密的解析。古人的名词,常一家一义。字虽相同,其意谓则大不相同。例如"道",老庄及程朱所谓"道",是终极理则之义,张载、戴震所谓"道",则是宇宙整个变易历程之义。再如"性",孟子所谓"性",仅指人之所以为人之特殊可能倾向;荀子所谓"性",则指生而完备的行为,不论其与禽兽相异与否,唯不包含可能倾向;而张子、程子所谓"性",乃指"极本穷原之性",实即宇宙本根。又如"气",一般人都认为是空虚神秘的字眼,其实乃是一个比较实际的观念,与物质的观念相接近。更如"神"字,最易误解。中国哲学中所谓"神",非鬼神之"神",而是能变之妙用之义。如因中国哲人常讲所谓"神",遂以为"有神论",便大谬了。对于中国哲学之根本观念之意谓加以解析,这可以说是解析法(Analytjc Method)在中国哲学上的应用。

(三) 察其条理系统

冯友兰先生曾指出,中国哲学虽无形式上的系统,而有实质上的系统,实为不刊之至论。此书的目的之一,是寻出整个中国哲学的条理系统。中国哲学之整个的系统,比每一个哲学家之系统,当然较为广大。每一个哲学家,对于所有的哲学问题,未必全都讨论到。而讲整个中国哲学的系统,则需对于所有哲学家所讨论的一切哲学问题,都予以适当的位置。求中国哲学系统,又最忌以西洋哲学的模式来套,而应细心考察中国哲学之固有脉络。

(四) 辨其发展源流

发展或历史的观点,是永远有用的;想深切了解一个学说,必须了解其发展历程,考察其初始和变迁。而在发展历程之考察中,尤应注意对立者之互转,概念意谓的变迁与转移,分解与融合;问题之发生与发展,起伏与消长;学说之发展与演变,在发展中相反学说之对转,即学说由演变而转入于其相反。这些都是应当注意仔细判断的。考察概念学说之发展与其对立互转,这可以说是辩证法(Dialectical Method)在中国哲学上的应用。

以上四条,既是我撰写《中国哲学大纲》时勉力遵循的原则,也可以看做是写作的当时我对这部书所自许的特色。

《中国哲学大纲》一书，分为三部分：第一部分宇宙论，内容又分为本根论、大化论。第二部分人生论，内容又分天人关系论、人性论、人生至道论、人生问题论。第三部分致知论，内容又分为致知论与方法论。这里所谓宇宙论指关于宇宙的理论，相当于西方所谓形而上学（metaphysics）；这里所谓本根论相当于西方所谓 ontology，一般译为"本体论"，吾兄申府译为"元学"，所谓"元"指"一元论""二元论"之"元"。这里所谓大化论相当于西方所谓 cosmology，一般译为"宇宙论"。致知论相当于一般所谓"认识论"，选用了古代哲学所谓"致知"一词。当时有一个流行的见解，认为中国古代哲学没有认识论，我特别选出中国古代哲学中关于致知问题的论述，证明中国古代哲学也有认识论，不过比较简略而已。书中分别阐说了数十个中国哲学的基本问题，如"道"、"理气"等。兹录此书目次，略见当时我对中国哲学之体系的认识。

一　宇宙论

引端：中国宇宙论之发生

本根论

中国本根论之基本倾向

道论

太极阴阳论（附五行说）

气论一

理气论

唯心论

气论二

多元论

——本根论综论

大化论

变易与常则

反复

两一

大化性质

终始、有无

坚白、同异

[补录]形神问题简述

——大化论综论

二 人生论

引端：人生论在中国哲学中之位置

天人关系论

人在宇宙中之位置

天人合一

[补录]天人有分与天人相胜

——天人关系论综论

人性论

性善与性恶

性无善恶与性超善恶

性有善有恶与性三品

性两元论与性一元论

心之诸说

——人性论综论

人生理想论

简引：人道与人生理想

仁

兼爱

无为

有为

诚及与天为一

与理为一

明心

践形

——人生理想论综论

人生问题论

简引：人生问题

义与利

命与非命

兼与独

自然与人为

损与益

动与静

欲与理

情与无情

人死与不朽

[补录]志功问题简述

——人生问题论综论

三　致知论

引端：中国哲学中之致知论

知论

知之性质与来源

知之可能与限度

真知

——知论综论

方法论

一般方法论

名与辩

——方法论综论

我虽然是参照现代哲学来研究中国传统哲学，但此书在概念名词的选用上，却给人一种较为传统的观感。在哲学名词上既不完全和古代哲人相同，也不同于现代哲学名词。我当时之所以不采用普通流行的译名，意在择取汉语对西方哲学概念更合适的表达，择取与传统中国哲学较为亲切的固有名词。

> 博学慎思
> 参天尽物

中国哲学有一根本观念,即"天人合一"。认为天人本来合一,而人生最高理想,是自觉地达到"天人合一"的境界。这是张岱年书写的"博学慎思,参天尽物",它也包含着这一境界。

此书力图展示中国传统哲学的理论体系,对于中国传统哲学中的概念、范畴、问题、争论做出比较全面的阐述。对于传统哲学固有的概念、范畴的内涵与歧义进行了比较明确的分析,可以说是逻辑分析法的运用;又对于概念范畴的发展演变以及各学派之间的相反相成、交光互映进行了比较详细的说明,可以说是唯物辩证法的运用。

此书着重讲述了中国哲学中唯物论学说与辩证法思想,对于宋代以来张载、王廷相、王夫之的唯物论学说特加表扬;对于老子、《易传》、张载、朱熹、王夫之的辩证观点进行了较详细的诠释。关于人生理想论,比较详细地阐述了孔、墨的"泛爱学说",特别阐扬了王夫之、颜元的"尽性践形"理论,认为是具有近代意识的进步思想。

在本书的写作中,我对于中国哲学之特色,获得一个较完整的认识。我在《序论》中将中国哲学之特色概括为六种,前三种较重要,后三种相对次要些。

(一) 合知行

中国哲学在本质上是知行合一的。思想学说与生活实践融成一片。中国哲人研究宇宙人生的大问题,常从生活实践出发,以反省自己的身心实践为入手处。最后又归于实践,将理论在实践上加以验证。即是,先在身心经验上切己体察,而得到一种了悟;了悟所至,又验之以实践。要之,学说乃以生活行动为依归。

(二) 一天人

中国哲学有一根本观念,即"天人合一"。认为天人本来合一,而人生最高理想,是自觉地达到"天人合一"之境界。物我本属一体,内外原无判隔。但为私欲所昏蔽,妄分彼此。应该去此昏蔽,而得到

"天人一体"之自觉。中国大部分哲学家认为天是人的根本,又是人的理想;自然的规律,亦即当然的准衡。而天人之间的联系者,多数哲学家认为即是性,人受性于天,而人的理想即在于尽性;性即本根,亦即道德原则,而道德原则乃出于本根。

西洋人研究宇宙,是将宇宙视为外在的而研究之;中国人则不认为宇宙为外在的,而认为宇宙本根与心性相通,研究宇宙亦即是研究自己。中国哲人的宇宙论实乃以不分内外物我天人为其根本见地。

(三)同真善

中国哲人认为真理即是至善,求真乃即求善。真善非二,至真的道理即是至善的准则。即真即善,即善即真。从不离开善而求真,并认为离开求善而专求真,结果只能得妄,不能得真。为求知而求知的态度,在中国哲学家甚为少有。中国思想家总认为致知与修养乃不可分;宇宙真际的探求,与人生至善之达到,是一事之两面。穷理即是尽性,崇德亦即是致知。

(四)重人生而不重知论

中国哲人,因思想理论以生活实践为依归,所以特别注重人生实相之探求,生活准则之论究。未尝将我与非我分开,因而我如何能知非我,根本不成问题,亦不怀疑外界的实在(先秦未有否认外界之实在者,北宋思想家大多排斥佛家的外界虚幻之说,认为外界依附于心者唯有南宋的杨简和明代王守仁),故根本不感觉知论之必要。西洋以分别我与非我为"我之自觉",中国哲人则以融合我与非我为"我之自觉"。分别我与非我,故知论特别发达;融合我与非我,则知外物即等于自觉,而实无问题。因而中国哲人虽亦言及知识与致知之方,但未尝专门研究之。

（五）重了悟而不重论证

中国哲学不注重形式上的细密论证，亦无形式上的条理系统。中国思想家认为经验上的贯通与实践上的契合，就是真的证明。能解释生活经验，并在实践上使人得到一种受用，便已足够；而不必更做文字上细微的推敲。可以说中国哲学只重生活上的实证，或内心之神秘的冥证，而不注重逻辑的论证。体验久久，忽有所悟，以前许多疑难涣然消释，日常的经验乃得到贯通，如此即是有所得。中国思想家的习惯，即直接将此所悟所得写出，而不更仔细证明之。所以中国哲学家的文章常是断片的。但中国哲学家并不认为系统的长篇较断片的缀集更为可贵。中国思想家并不认为细密的论证是必要的；反之，乃以为是赘疣。

（六）既不依附科学亦不依附宗教

中国古代宗教不发达。古代人民虽然信天帝神鬼，但没有正式的宗教。后来方有道教，又从外边输入了佛教。中国思想家虽亦多受佛教道教的影响，然在根本态度上都是反对宗教的，多以驳斥二教为己任。在先秦时，孔子疑鬼而信天，亦不肯多言天道。唯墨子最信天鬼，有宗教气息。自老子打破天的尊崇位置后，哲学家中以天帝为主宰者，可谓绝无仅有。宋儒虽言天，然绝非指有意志之主宰。印度哲学是与宗教不分的，西洋中世哲学是宗教的奴婢，即在近世哲学中，亦多有以证明上帝存在为一重要课题的。在中国，似彼以证明上帝存在为一重要职任之情形，实完全没有。先秦哲学家中荀子最善破除迷妄，后汉王充，尤专以攻破迷妄为职任。宋儒中如张子、二程子,亦极致力于破斥神鬼,更企图予"鬼""神"二词以自然的解释。要之,中国哲学中从无以证明神的存在为务者。

《序论》所言,可以看做是当时我对哲学和中国哲学的总的看法。我在《中国哲学大纲》最后,写了一篇《结论》,题为"中国哲学中之活的与死的"。从内容说,主要是对中国传统哲学的优长与缺失进行简要的评议,从比较中得出结论,认为王夫之、颜元、戴震的思想是最接近现代思想的,可以说是中国传统哲学中的活的潮流。当时我读过意大利哲学家克罗齐所著《黑格尔哲学中的活的与死的》英译本,颇感兴趣,于是仿其题目写了这一篇,作为《中国哲学大纲》的总结。

在《中国哲学中之活的与死的》一文中,我提出,中国旧哲学中,有一些倾向,固然是有害的,该排弃的,这些可以说是中国哲学中之死的成分。而也有一些倾向,现在看来仍是可贵的、适当的。这可以说是中国哲学中活的成分。我承认《中国哲学大纲》一书中所述的思想,诚然都是过去时代的产物,但有相当的内容却并非完全过时。毫无疑问,今后必将出现新的中国哲学,但我认为,中国的新哲学与中国的旧哲学之间,必定有着相当程度的连续性。我坚信将来的中国新哲学,固然肯定是西方哲学影响下的产物,但同时也应该是中国传统哲学自身的一种新发展。

那么,中国旧哲学中,哪些是活的成分而将历久常新呢?我将其概括为下列诸观念或根本倾向:

第一,中国哲学中向无现代英国哲学家怀特海所指斥的"自然之两分"。中国哲学中的宇宙论,未尝分别实在与现象为二事,未尝认为实在实而不现,现象现而不实。中国哲学不以实幻讲本根与事物之别,这实在是一个很健全的观点。"自然之两分",是印度和西洋哲学中一些派别之大蔽,而为中国哲学所罕有的。

第二,中国哲学认为宇宙是一个变易大流,一切都在变易中,而整个宇宙是一个生生不已无穷无尽的变易历程。同时承认变易与条理,而予以适切的联系,这是中国哲学的特色。这一点现在仍是极有意义的。

第三,中国哲学既承认变易条理,于是对于变化之条理颇有研究,其结果即是"反复"、"两一"的学说。一切变化的根据,在于"两一"即"对立统一"。"两一"理论虽颇简单,但实甚精湛。尤可注意的,即西洋哲学中的辩证法,向来是以观念辩证法为主,直至近代始有转变。中国哲学则始终以为反复两一是客观世界的规律,是自然之固有的条理。

第四,中国哲学的最大贡献,在于生活准则论即人生理想论,而人生理想论之最大贡献是人我和谐之道之宣示。

第五,中国哲学最注重学说与行为的一致,将思想与生活打成一片,认为理想的实现不在现实生活之外,而求在日常生活中表现真理。所谓"践行",所谓"与理为一",便是"广大高明而不离乎日用"的境界。知识理论与生活行为,不可分为二事。印度哲学主脱离现实而别求究竟,西洋哲学不免分知识与生活为二,中国哲学则主张在现实生活之中体现真理。

第六,中国哲学中的致知论颇为简略,而有一笃实可贵的倾向,即直接了当地承认物之外在,承认物之可知性。主观唯心论不承认物之外在或物之可知,其实只是发现了知识之难于解释,遂竟否认知之为知而已。直接承认物之外在与可知,或不免被讥为朴素。然而,如是真理,朴素何害?如非真理,纵讲得精微,亦不过善于诡辩而已。

以上六点,乃概括言之,以今天的眼光看也未必全部准确。此外,我也举出中国哲学的重大缺陷,一些根本的大蔽,也分为六点:

第一,中国哲学中的宇宙论,颇有尚无薄有的倾向。始于古代道家,后来的哲学家多受其影响。一般都认为本根必是无形的,有形的不足以当之,必求之于无形。于是不肯做对于事物之精密的研讨,而崇尚幽远的玄想。

第二,中国的人生思想,有崇天忘人的倾向。崇天忘人,亦是道家的思想,而影响极深。天是至善,而一切恶之根源,皆在于人。唯有荀子,讲制天宰物,而无发挥光大之者。缺乏讲克服自然的哲学,更没有克服自然的实际了。

第三,中国的人生思想,又有重内遗外的大病。唯以涵养内心的精神生活为贵,环境的克服,不予重视,社会民生,多所忽略。稍注意于外,便视为玩物丧志。于是利用厚生的实事,便渐归于荒废了。

第四,中国的人生理想,因过于重"理",遂至于忽"生"。无见于生之特质,不重视生命力或活力之充实与发挥。实际上,理与生、德与力,乃是应并重的。

第五,中国的人生思想,不注意人群之为一体。自来的道德教训,都是注重人我的关系,而不注意于群己的关系。

第六,中国的人生思想,倾向于轻视知识。孔、墨未尝反知,道家乃持反知的态度,后来哲学家大都不看重知识,不注意于自然研究。知即德,中国哲学尚可说有相类的观念;知即力之思想,则中国古来无有。

中国哲学的这些缺欠,实都有其生活上的根源,乃是过去社会生活之反映。现在社会形态变迁了,旧哲学的不足,自然暴露出来了。

对于中国历史上具体的各家各派的哲学思想,我也试图做一比较,明其利弊,以供中国将来新哲学建设取舍。我认为:

儒家哲学所兼容并顾者甚广。儒家之根本意思,乃在于阶级调和,使各阶级各安于地位而不企图过分,由此而得相安。所谓"中庸",实即此种思想之结晶。儒家能为中国两千年来的正统哲学者,在于此;儒家之将不能适应新的社会,亦在于此。将来中国的新哲学必亦是广大悉备,对于所有应承认与注重者,能兼容并顾的;但新哲学必以废除阶级为鹄的,则将与儒家相反了。

道家是潜势力最大的一派哲学。儒道平分天下。道家的为我遗世、因循无为的思想,贻害于中国,实非浅鲜;再加上外来的佛家思想,过去中国人的心习,便成为病态的了。道家在宇宙论颇有贡献,可惜此方面于一般人民却毫无影响。

墨家是久已中绝的哲学,直至近代始有发扬阐释之者。但整个墨学的复活,却是不可能的事情。

名家也是久已中绝的学派,到本世纪才有人予以阐释。名家在正确的理则之发现中,夹杂有不少的诡论。中国将来的哲学中,解析事理的方法,大概当是从西洋哲学传来的,对于先秦时代的名家之学,恐不会有多少联系。

程朱理学的长处,在于宣扬即物穷理由以达到人生最高境界。但理学的理气二元宇宙论,恐怕是必须改造的;而天理人欲之辨,就更不能照旧维持了。理学是宋代以来的正统哲学，现在时代转易，绝没有再居正统的希望了。

陆王心学的特点，在于提出一个简易直接的内心修养法。但对于今日复杂的社会生活，此法已不适切了。心学的其他唯心的理论，在今日看来，更多是陈腐的。主观唯心论之存在与否，决定于其社会根据之存在与否，如社会基础整个改造了，主观唯心论系统是难以继续的。

王、颜、戴的哲学向无专名之与理学心学相对待，可名之为气学或事学。王讲天下唯器，颜学以事物为归，戴学以理在事中为宗旨。王、颜、戴的事学，是最接近现代思想的。大体说来，事学的宇宙论与人生论，比较上最为正确。王、颜、戴的学说虽然都是未十分成熟的，且都不曾有巨大影响于当时，但在今日看来，他们所走的方向是不误的。这确实可说是中国旧哲学中之活的潮流。反理学与心学的事学，是足以作为将来新哲学之先驱的。

近几十年来，研究中国哲学史的著者，大多认为宋明理学分为两大学派，即程朱学派与陆王学派；程朱哲学系客观唯心论，陆王哲学系主观唯心论。我在《中国哲学大纲》中首先提出：自宋至清的哲学思想，可以说有三个主要潮流，第一是唯理的潮流，即程朱之学；第二是主观唯心论的潮流，即陆王之学；第三是唯气的潮流亦即唯物的潮流，即张载、王廷相、王夫之以及颜元、戴震的学说。从 30 年代到 80 年代，经多年的论辩，宋明哲学分三派的观点已为多数研究者所承认了。冯友兰先生晚年撰写《中国哲学史新编》，也将宋明哲学分为理学、心学、气学三个学派。

张岱年在《中国哲学大纲》中首先提出,自宋至清的哲学思想有三个潮流。冯友兰在晚年写作《中国哲学史新编》时,也将它分为三个学派。图为张岱年在学术研讨会上。

总之,我写《中国哲学大纲》一书,在主观愿望上力图做到深、准、全、新:

(一)所谓"深",就是力求将中国古代哲人的深邃思想显示出来。中国古代哲人,如先秦诸子、宋明理学家等,确实具有许多非常深邃精湛的思想观念,非浅尝所能理解,却应尽力加以阐发,予以适当的诠解。

(二)所谓"准",即力求准确,要符合古代哲人原意,不望文生义,不牵强附会。

(三)所谓"全",即进行全面的研述,力求避免偏缺。但是事实上此书没能做到全面阐述,最显著的缺点是在宇宙论篇中没有把"形神"问题列为专章,在致知论篇中没有把"知行"问题列为专章,这都是重大的缺漏。

(四)所谓"新",即我始终以贡献于中国将来的新哲学为意,着重阐扬中国旧哲学中含有辩证唯物论的朴素倾向,大力表彰张、王、颜、戴哲学的意义。

此书初稿承冯芝生先生和张荫麟先生各审阅一遍,提出一些宝贵的意见。全书大体完成于1937年初,已经要正式出版,因抗日战争突然爆发,就没能及时出版。抗战胜利后,商务印书馆在1947年至1948年间又决定正式付印。经过这十年潜心研读古籍,我时有新悟,对中国哲学问题的不断思索,使我的观点也有所深化,为此我写了近两万字共19则"补遗",注明分别插入原书的有关章节。

但是,此书命运多舛,正式付印的事,又因为战事紧迫而未能成为事实。到了50年代,商务印书馆找出此书早已完成制版的旧纸型,准备付印,我为此专门又写了一篇《新序》。过了数月,我又被打成"右派"。结果本书正式出版时,只得用了一个笔名。这是20年后的后话了。

写完《中国哲学大纲》不久,发生"卢沟桥事变",日本侵略军占领北平。从此我深居简出,不任伪校教职,潜心研读而等待大地重光,直到抗战胜利。

八年沉潜：
专务深思，穷究天人

  1937年暑假，爆发"七七事变"，时局非常紧张，7月29日，日本侵略军进入北平城。清华同人在此前后纷纷离校，我与让兰暂到城内大姐家居住，后又迁至白米斜街3号冯友兰先生寓所中，时冯先生已赴南方。8月初我出城到校内搬取存留的书籍物品，哲学系助理申荆吴予我帮助较多。

  当时清华大学哲学系的助教，除我之外还有王森、李戏鱼，都未能随校南行，滞留北平。以后，我遂与学校失去联系。

  从此我整天闭户读书，深居简出，不到日伪盘踞的学校任事，不与敌伪合作。当时在北平居住的前辈学者有陈垣、王桐龄、尚秉和、邓以蛰、张子高、张东荪等，亦闭户深居，不与敌伪来往。然而，当时全民奋起抗击日本侵略军，付出重大牺牲；冯友兰、金岳霖先生等随校南行，颠沛流离，备尝艰辛，辗转到达昆明；吾兄张申府南行经武汉到重庆，参加救亡、民主活动。而我们未能参加战斗，只是潜伏敌后，等待胜利，至今思之，还是深感惭愧的。

这几年间，我多次迁居，1938年后有两年住地安门附近东煤厂胡同，门牌今已失记。之后迁至南长街二条2号，房东是王桐龄先生之妹贺太太，系让兰在师大时的同学。1941年冬迁居西城小沙果胡同8号。1943年，应冯先生之自后方来函相邀，我和让兰又搬到冯先生在白米斜街的旧寓暂住。初时，我们依靠往年积蓄和父亲留给的一点遗产，尚可勉强清苦度日。到后来，则生计日益艰窘。

蛰居沦陷的故都这段时期，心怀隐忧，幸有六七友人，相互砥砺，相互慰藉。我经常往来的朋友有王森、李戏鱼、张恒寿、关其桐、王锦第、韩镜清等。我们以保持人格和气节互相勉励，而生活在黑暗中，共与论学则成为心灵的一点光亮。由王森介绍，我认识了王锦第，他与王森是北京大学哲学系同班同学。王锦第看过我从前发表的文章，颇相器重。1943年春节，他买一盆梅花送给我，令我至今感念不忘。

梅花傲雪凌霜，"岁寒三友"之一，寓意高尚。沦陷区的生活是苦难的，不仅是生计艰窘，心灵之苦尤甚。1944年我家住白米斜街3号北屋时，东屋友人王孝鱼就忽然遭日伪逮捕。过了好几个月，一夜我梦见孝鱼被释放回家，次日他果然出狱回家来，同院张恒寿的夫人刘桂生也有同样的梦。真可谓异事！我平生多梦,而这个梦,竟成了一个吉兆。50年代初,我很想要一部王廷相的《王氏家藏集》,托友人魏广洲在北京琉璃厂古旧书肆寻访。有一天梦见他找到《王氏家藏集》送来了。我心里很希望这梦能应验。没过几天,魏广洲同志果然将此书找到送来了。我大喜过望。这两次应验的梦,都属于偶然吧,应是我心里有着强烈的期望所致。

30年代末,由大后方云南来北平探亲的张遵骝同志倡议,我们成立了一个切磋学问的联谊会,每两周会晤一次。参加者有张恒寿、翁独健、王森、韩镜清、成庆华等,定名为三立学会。

1937年以后的几年间,我蛰居读书,读了黑格尔、马克思、恩格斯的一些著作,又读了英国解析学派怀特海、罗素、博若德、蒲锐士的一些书,还重读了王船山《遗书》四五种,广泛思考哲学问题,写了一些思想札记。这些札记后来就成为我的总名为《天人五论》书稿的基础。我当时想,今日固然是国家艰难之秋,实亦民族中兴之机,个人不应颓唐丧气,因此勤力攻读,专心撰述,以期有补于来日。

1941年冬,我迁居西城小沙果胡同8号,系一小楼,楼下为卧室,上面做书房。相对安静,便于沉思。这年12月,日军偷袭珍珠港,太平洋战争开始。我分析形势,日本绝非美国敌手,它是在加速自取败亡,中国的抗日战争胜利有望。所以我以满怀希望的心情,开始动笔撰写论著。1942年自1月10日写起,约三个月写成《哲学思维论》。

原来我设想将历年致思所得札记整理写成一部大书《天人新论》,意为"将欲穷究天人之故,畅发体用之蕴,以继往哲,以开新风"。当时以为哲学就是天人之学,故名之为《天人新论》。计划此书分为四部分,第一部分"方法论",第二部分"知论",第三部分"天论",第四部分"人论"。但那时生活艰苦,我需自己挑水劈柴,"躬役柴水之劳"。每天杂务不少,精力无多,没有衍词敷文的时间,故而《天人新论》的计划,完成不及其半。第一部分"方法论"只写出简略的大要,藏置箧笥。《哲学思维论》的书名是后来改题的,已自成一小书。下面为该书的目次。

  自序
  第一章　哲学之职分
  哲学之基本特征——哲学系统与理论探索——哲学系统之不同类型与最真确的哲学——哲学与实证科学
  第二章　哲学命题之意谓
  命题——命题之类别——基本命题——意谓之准衡——真妄与正谬——哲学之命题
  第三章　基本的思想方法
  形式逻辑与方法论——形式逻辑——归纳法——辩证法——逻辑以外之方法
  第四章　辩证法之主要原则
  唯物的辩证法与唯心的辩证法——辩证法之基本概念——辩证法之基本原则——辩证法之基本要求——辩证法诸原则之推衍——辩证法原则之性质
  第五章　辩证法之运用
  运用辩证法应注意之事项——历程诸要素之关系之类

型——辩证法与演绎归纳之关系——辩证法与解蔽

第六章 体验，解析，会通

逻辑,科学方法与哲学方法——哲学思维之特点——体验——解析——会通——哲学之修养

《哲学思维论》是关于思维方法的一种研讨,但不是对于思维方法做历史的叙述或详尽的诠释,而仅仅是阐说我所赞同方法的要旨。

书中首先指出,哲学是根本问题之学,亦即事物基本类型之学,研究世界事物中之基本区别及其统一关系。认为,从基本观点言之,在哲学的各种类型中,物本论(即唯物论)最为正确。物本论而能免于机械论之偏失,并给予理、生、心以适当的说明,即足以解释生活经验而无憾。继而,讨论了关于哲学命题之意谓的问题,认为关于直接经验的命题是其他一切命题之基础。直接经验有三：(一)耳目等感官对于外物之感觉,(二)主体的自我体内感觉,(三)活动经验。人活动之时,身体的活动部分有内在的活动感觉,而且大部分的活动,主体自己之目更可加以外在的观察,耳目更可视听其所接遇之外物,合起来构成人的活动经验。对照活动经验而言,耳目等对于外物的感觉可称为静观经验。过去哲学过于注重静观经验,实则活动经验尤为重要。最简单的活动经验之例,如人食物以充饥、人着衣以御寒。画饼不能充饥,想象的衣裳不能御寒。所知之虚实之辨,在于活动经验。

关于哲学命题有意谓或无意谓的问题,我认为：过去宇宙哲学的命题多系无意谓的,如柏拉图关于离物自存之理念或独立的理念世界的命题、黑格尔关于绝对理念或绝对精神的命题,实皆不可验,

故实皆无谓。现代实证论者谓唯物之主要命题如"物为心之本原"及"世界是实在的"亦皆属无谓,实则不然。物为心之本原,世界是实在的,虽非特殊经验所能证成,而实为大部经验之所证成。"外界是实在的",实为许多某某事物是实在的特殊命题之总括程式,具有真实的意义。

基本的思想方法,我觉得无外乎三种,即演绎法、归纳法与辩证法。演绎法为用名立辞的方法,归纳法为发现一般重复屡现的现象之规律的方法,辩证法则为勘察不易重复的演化历程之内在的发展规律的方法。此三者各有其适用范围,而不相冲突。

我根据当时自己的理解,对于辩证法的基本概念与基本原则也做了一些分析与疏释。我认为,相反与矛盾有一定区别,统一与同一亦有一定区别。依据中国古代哲学,我把"和谐"视为辩证法的一个重要范畴。关于辩证法的基本原则,我认为辩证法可谓有两个根本观点、三个根本规律,而其核心实为对立统一。对立统一含意甚丰,又可析为两个方面,即对立的统一关系与内在矛盾。总为六条:(一)变化观点,(二)联系观点,(三)对立的统一关系,(四)内在矛盾,(五)性变与量变互转,(六)否定之否定。所谓性变即一般所谓质变,因中国古代哲学中所谓质具有不同的含义(古代所谓质本指有形的物体而言),故称之为性变,即本性的变化。每一观点或规律都可有两个程式,一作为客观规律或客观情况之程式,二作为方法指导之程式。今将六条的两个程式列举如下:

(一)变化

第一程式——凡物皆变化历程,即凡存在皆在变化中。

第二程式——观物于其变化。

（二）联系

第一程式——凡事物皆与其前后左右之一切事物有联系。

第二程式——观事物于其对于一切事物之联系。

（三）对立统一

第一程式——凡对立皆有其统一。

第二程式——观对立于其统一。

（四）内在矛盾

第一程式——凡统一体皆内含矛盾而为其变化之内在根源。

第二程式——观物于其内在矛盾,以了辨其内在的变化根源。

（五）性量推移

第一程式——凡物之发展,量的渐变至于极度必引起性之骤变,而性既骤变,量亦随而不同。

第二程式——观物之变化于其性变量变之互转。

（六）否定之否定

第一程式——凡发展的变化,其否定之否定为立定与否定之综合。

第二程式——观物之由立定而否定而否定之否定的发展历程。

"立定"一般称为肯定,我认为"肯"字本系许可之意,含有主观的意谓,故改称为立定。

此书凡所论述,虽非无所依据,而多呈胸臆,大胆提出自己的见解。当时认为哲学虽派别纷纭,不能取得一致的结论,但仍属文化发展之所必需,不同意哲学消灭论观点。当时我认为实证主义者提出命题意义问题是值得注意的。传统哲学中关于绝对精神、世界意志等命题确实是无意义的;但实证主义者认为"外界实在"、"物质是本原的"等命题也是无意义的,就陷于偏谬了。于是根据唯物论的观点,对于哲学命题及其运用颇多思考,提出了一些自己的见解,与流行的理论颇有不同,亦未敢自以为是,姑备一解而已。

1942年初,我历时三个月草成《天人新论》第一部分(即《哲学思维论》)之后,随即按原设想写第二部分"知论"。"知论"计划分两篇来写,一论知觉与外界之关系,二论感觉经验与概念思维,因于冗务,到了1943年仅写成第一篇,第二篇未能写成。此后,时异势易,也难以续写了,于是就将所写这一篇独立成书,命之曰《知实论》,意略相当于"知觉与实在"。王充的《论衡》有《知实》篇,意在反驳关于知识的虚妄之论,而我所谓知实,则是认为所知为实,外界实在而可知。所论虽不同,但根本观点上则与王充相近,所以后来我就借用了"知实"二字作为书名。下面为《知实论》的目次:

自序

第一章 知识中之可疑与不可疑

人的知识——可疑者之解剖——知识中之不可疑——原给——感相与感相关系——感景与感征——感景之分野——原给与能所分别。

第二章 能知与所知

感相之现与逝——心与感官——感境——感相之外在所待——外在所待之延续——自我与外在事物——能所关系

第三章　感相与事物

　　由感相论事物与由事物论感相——感相之有与事物之有——感相之变异——事物感相与影像感相——感相之内缘成分与外缘成分——感相与外在事物之关系——外在事物之本来容状——感相之空时与事物之空时——感相在自然中之位置——感觉之诸要素之层次

第四章　众知者与其共同世界

　　外界实在之问题——何谓实在——他身与他心——由我推人与由人推我——他事与他物——生活实践为外界实在之证明——内外之互参——众知者之共同世界——怀疑与独断

　　《知实论》的副题为"知觉与外界",内容试图从感觉的分析来论证客观世界的实在。感觉的内容即是今此所现。当前有种种形色、种种音声,然此诸感相之显现,并非随心所好,即不随好恶之感之变更而变更。张目有时而见如此之形色,有时而见如彼之形色,是故形色之显现有其在心与感官之外的条件,谓之"外在所待"。其外在所待即外在的事物。感相可谓外在事物之映象。事物之映象的内容亦受能知的情状所制约,然此并不妨碍此映象为外在事物之映象。如唯有能知,亦无此映象,外在事物的实在是必须肯定的。一切人的感相之共同的外在所待之世界乃众知者之共同世界。

　　《知实论》是对于外界实在的进一步的论证,对于感觉内容如感相、感相关系、感景、感境等做了比较深入的分析,从而确定主体(心与感官)与客体(外在世界)的关系,肯定了客观世界的实在。"感相"

一词取诸罗素,指耳闻目见等的感觉内容。而认为感相是外在事物之映象,坚持了唯物论的观点,则与罗素不同。

客观世界的实在,本来也可以说是无需证明的,其所以需要证明,是由于主观唯心主义者曾提出种种谬论来否认客观世界的实在。西方近代一些实证论者又认为外界实在的问题是没有意义的,这实际上是一种接近主观唯心主义的观点。还有些人以为,外界实在只能由实践来证明,而不能从理论上加以论证。但是,一个命题如果是正确的,就一定可以从理论上加以证明。本篇试图从理论上证明世界的实在。论证的细节不免有些难懂,作为对于主观唯心主义的反驳,或者还是有一定意义的,哲学史上唯心论者论证"离识无境"者多矣,而我则试图以推理方法论证"离识有境",此论当亦未为多余。

1943 年,冯友兰先生从大后方来函相邀,我们就仍迁到他在北平的旧寓白米斜街 3 号居住。这一年春,我接着撰写《天人新论》的第三部分"天论",亦拟分两篇,一为"事理论",二为"心物论",仅写出《事理论》。其首尾连贯,亦可独立成帙,成为我在抗战时期较为重要的一部哲学著作。其目次如下:

自序
第一章 实有
凡有与实有——凡有之区畛——实有与存在——事——历程——相——理性——物——我——关系——道——有待与无待——体用——无——真——大——与天——究竟与最究竟

第二章　事物与空时

事与物——事素、事象、事实——物体之层次——气——机构——物物之相关——功能——事物之位置——天秩与天序——空间与时间——空时一体——宇宙

第三章　延续与变化

过去、现在、未来——永延——究竟之生生——变化——动——物之多类——物之等级——新——创造——进步与发展——大化

第四章　关系与关联

关系与关系事实——关系之基本类别——单关系与合关系——个体关系之类别——因果关系——全分关系——内在关系与外在关系——一与多——自同与殊绝——关联——具象与抽象之层次

第五章　理与性

常——理——形式——共相——性——自性与属性——简性与赜性——尽性——性之联系——元性与大理——性之性与理之理

第六章　可能与必然

性与性之诸联系——可能——新可能——必然——不可能或必不然——因果——联因与独因——一因多果与多因一果——互为因果——因果联串与非自足系统——所以然与所然——偶然——前定与不测

第七章　两一与反复

同异——对立——对立的统一关系——宇宙中之基本对立——事物之内在矛盾——反复——变化之根源——乖违与和谐

第八章　事理之关联

理之界域——理之实虚与类之有无——泛在——理之层次——理与无名之朴——事理孰为根本——理在事上与理在事中

《事理论》主要探讨事与理的问题。我以为事与理俱属实有，而理在事中，无离事独存之理，对于"理在事先"之说有所批判。

事理问题是中国传统哲学的一个根本问题，事理连举，在先秦即已有之。荀子云："古之所谓仕士者，务事理者也。"（《非十二子》）又云："凡百事异理而相守。"（《大略》）但此时事理尚非哲学的基本概念。隋唐时代，佛教华严宗有理法界、事法界之说，其所谓事理是唯心主义的观念，与一般所谓事理不同。宋代程伊川云："至显者莫如事，至微者莫如理，而事理一致，微显一源。古之君子所谓善学者，以其能通于此而已。"（《程氏遗书》卷二十五）朱晦庵则断言理在事先。清初李恕谷提出"理在事中"的命题，而论证未晰。此篇对于事理问题试作较详细的解析，亦自抒所见而已。

书中讨论了事物与规律、共相以及有关的问题，提出了一个比较系统的宇宙观。对于实有（客观实在）、事物与空时、延续与变化、关系与关联、理与性、可能与必然、两一（对立与统一）与反复、事理之关联进行广泛的分析,而比较重要的是提出了五项基本观点:(一)关于实有的明确规定;(二)关于"事"、"物"、"理"、"性"的界说;(三)关于延续与变化的意义;(四)关于矛盾与和谐的作用;(五)关于事理孰为根本的分析。

我首先提出了一个关于实有的规定,认为实有即是可感而无待于感者,亦即有征验的存在。凡由感官之经历验察而证明其离知独立的,谓之实有。以为必须规定实有之标准,即实幻区别之标准。实幻之区别唯有一个标准,即是征验。如果实有不以有征验为界限,则所谓实在将可随便设立、人人异说,而无从断定了。

实有内容为事、理、物。就实有而解析之,至于无可再析,则见一切皆事。事即是变化历程的基本内容。事随现随逝,相续不绝,吾所接遇之实有,皆事事相续之历程。"事"之观念取诸英国哲学家怀特海与罗素。但以"事"表示自然现象,在吾国春秋时期即已有之。《左传》昭公十七年有"天事恒象"之语,天事即一般所谓天文现象。事与事有异有同。事事相续为流行,事之流行中之异谓之变,其异中之同谓之"常"。凡变中之常谓之理。理即是事事相续中之恒常,理亦曰"共相"。事事相续而有一恒常之理通贯于其中而无间断,则成为一物。物为事之所成。通贯于一个历程恒显二无间之理,谓之"性"。此论以"事"与"理"为基本概念以诠释世界,与中国传统哲学以"理"与"气"为基本概念以诠释世界有所不同。关于"事"的学说亦可谓取常识中"事"之观念加以新的诠释,"理"之观念为中国哲学所特有的观念,涵括西方思想中形式、共相、规律、理性诸概念。事事相续而有通贯之理者为物,事、理、物俱为实有。

张岱年认为,中华民族屹立于世界五千年,必有其民族生存的优秀精神支柱,这就是"自强不息,厚德载物"。

以"事"为基本概念也就是以变化为基本概念,也即以历程(过程)为基本概念。事事相续,前事既过,后事继起,续续不已,可谓之永延。吾人所在之宇宙即事事永延之宇宙。事续续不已,物生生不已。物有不同的类,基本的类别亦称为等级。荀子说:"水火有气而无生,草木有生而无知,禽兽有知而无义,人有气有生有知亦且有义,故最为天下贵也。"这是中国古代关于事物等级的思想。今应肯定,无生之物质为第一级,有生之物质为第二级,有生而又有知之物质为第三级。宇宙由事物而合成,事事更代而无已,物物流转而不穷。凡事皆有起有过,凡物皆有始有终,总一切之事事之过与起,统一切之物物之始之终,为一无始无终的变易大化。

事物变化之基本规律为对立统一。对立包含相反与矛盾。相互对立之物常相互冲突。对立之物相聚合而得其平衡,谓之和谐。凡物之毁灭,皆由于冲突;凡物之生成,皆由于相对的和谐。如无冲突则旧物不毁,而物物归于静止。如无和谐则新物不成,而一切止于破碎。凡物之继续存在,皆在于其内外之冲突未能胜过其内部之和谐。如一物失其内在的和谐,必由于内部冲突而毁灭。生命维持尤在于和谐。如有生的机体之内部失其和谐,必致生之破灭,而归于死亡。人群亦然,如一民族内部斗争过甚,则必亡国灭族。乖违(矛盾冲突)为旧物破灭之由,和谐为新物生成之因。

事理孰为根本?自人之经验言之,有事斯有理,未尝遇无理之事;有理斯有事,未尝睹无事之理。所谓根本的意谓可别为三:(一)永恒为根本,倏暂非根本。事与事相续无绝,可谓永恒;理与理更迭显现,亦可谓永恒。(二)先在为根本,后出为非根本。事与理同时俱有,非有先后。(三)凡统赅其他者为所统赅者之根本。可云事涵理,而不可云理涵事。事统赅理,而不可谓理统赅事。如必求一本,当肯定事较理为根本。王船山(夫之)云:"道者器之道,器者不可谓之道之器也。"即是此义。朱晦庵(熹)尝云:"未有这事,先有这理。"李恕谷(塨)评之曰:"夫事有条理曰理,即在事中。今日理在事上,是须别为一物矣。离事物何所为理乎?"我赞同王船山"道在器中"和李恕谷"理在事中"的观点。

对于唯理论者"理在事先"的观点,我则表示反对,我更反对主观唯心论者的"心即理"以及"人心为自然界立法",也不赞同实证论者的唯名论。我认为理在心外而在事中,必亦有理,然而有心外之理;事有其理,而理不在象外。理是客观存在于事中的,并非名词而已。事、理、物俱为实有。

1943年,由友人王锦第介绍,我访晤了中国大学校长何其巩先生。何校长听说我著有《中国哲学大纲》,恐其手稿在战乱中遗失,有意让我到中国大学讲课,借此将"大纲"印为讲义。当时在沦陷的北平居住但不与敌伪合作的学人,都不涉足伪北大和伪师大,而多到私立中国大学任课,该校不受敌伪津贴,具有相当的独立性。何校长请哲学教育系主任童德禧(字禧文)到舍间枉顾,邀我到中国大学任教,我非常感谢二位先生的情谊。抗战胜利后,国民党接收中国大学,说何其巩"左倾",就把中国大学解散了。而童先生在新中国成立后受聘到山西大学任教,以后没有音讯了。

1943年秋季,我到中国大学任讲师,讲授"中国哲学概论"课程,作为讲义,《中国哲学大纲》书稿第一次排印了。次年,中国大学即改聘我为副教授。

1944年春,我又写《天人新论》的第四部分,即"人论"。时值战争后期,沦陷区生活更加艰难,百物昂贵,生计日窘,实不能从容写作,而仅能以简纲体裁抒发历年关于道德理想问题之所思,以文言出之。乱世治学殊为不易,难免略而未详,大纲仅具而已。其后生活日趋艰窘,就更无力写作了。到抗战胜利以后,我曾重加检视,觉得虽不乏个人新见,而陈言也未尽去,于是复加删改,这就是现已出版而题为"品德论"的部分,下面即为其目次:

自序
第一章 悬衡(价值与当然)
第二章 诠人(生存与理想)
第三章 辨命(自由与必然)
第四章 序德(人群与道德)

我当时对于价值标准、人生理想进行了一些思考,拟建立一种兼重"生"与"义"、既强调生命力又肯定道德价值的人生观。我主要是提出了人生之道在于"充生以达理"、"胜乖以达和"等命题。

《品德论》讨论有关人生理想的问题,也就是如何提高品德的问题。我认为人生一方面要充实生命力,一方面要克服生存中的种种矛盾以达到和谐,提出了"充生以达理"、"胜乖以达和"的见解。认为:人生之要义,一言以蔽之,曰"充生以达理"。"充生以达理",即扩充生力,克服生之矛盾,以达到理想境界。凡生存皆有待于争取,生存即争取生存,而人生即争取人的生存;争取人的生存,即争取异于禽兽的生存,亦即争取合理的生存。合理之生存即克服生之冲突以达到生之和谐。人生之道,在于"胜乖以达和"。

当时我提出"生存即争取生存"的观点,实基于关于生存竞争的切身体会。生物界的生存竞争是显然的,社会生活中的生存竞争亦相当激烈,当然更重要的是阶级之间的斗争。但人与禽兽不同,人应具有关于当然之理的自觉。

"充生以达理",其实际内容即增健而为公。生之本性为健。人生至德即"公"。健者胜物而不屈于物,公者爱己而更爱群。人生之道,在于增健而为公。人生之大务有二:一曰"生力之充实",二曰"品德之提高"。孔子贵仁,墨子贵兼,仁与兼云者,亦即公而已矣。

以上《哲学思维论》、《知实论》、《事理论》及《品德论》四书,加上抗战胜利复员后所写的《天人简论》,后来总名之为《天人五论》。这是我蛰居敌后八年的研思所得,颇有敝帚自珍之感。

回忆30年代初期,我读了熊十力先生的《新唯识论》和冯友兰先生的《中国哲学史》,40年代之初,又读到了冯先生的《新理学》和金岳霖先生的《论道》,我深佩诸先生好学深思,各自建立了自己的理论体系。然而犹未餍足,对诸家之说未能尽同。

我属意于中国所需要的新哲学,即以辩证唯物论为根本,兼有现代逻辑解析哲学方法,而又发扬中国固有哲学优秀传统的新哲学。因此我亦不揣谫陋地提出自己对于哲学问题之所见,写出这些关于哲学问题的论稿。我意在实现"将唯物、解析、理想综合于一"的构想。《哲学思维论》提出了自己对于哲学本质的观点与关于演绎法、归纳法与辩证法三者的关系的见解；《知实论》进一步论证外在世界的实在；《事理论》研讨事物与共相的关系问题，较详细地论证了"理在事中"的唯物观点；《品德论》提出了一个以刚健而和谐为主旨的人生理想。

这些论稿写作于沦陷时期，当然就不可能随时发表．抗战胜利后又因故拖延下来，直至 1988 年，连同当时历年的思想札记，才以《真与善的探索》为题，由山东齐鲁书社出版，印数无多，知者盖寡。与王船山身后一百多年才能刊布著作相比，还算是幸运的。

我早年行文，素喜简约，厌敷衍之词，因而每执笔则务求简赅，削去浮词。这些论稿就采用简练的文言文，故失之于简而未畅，不够通俗。而我不满于当时一些哲学名词的流行译法，创造了不少兼顾音义、具有中国传统哲学依据的新译名，这种改造到了如今八九十年代，不免影响读者理解。而我当时著论，直抒胸臆，无所顾忌，亦不在意读者，论证也不做充分展开，今天看来，就不完备了。

1945 年，我 36 岁。是年 1 月 23 日得子，名之尊超。在医院由名医林巧稚大夫接生，亦是可纪念的一件事。

8 月 15 日，日本投降，是为我平生最快乐的一天。友人成庆华奔走相告，而我听广播已经获知了。大家欣喜若狂。后又接到冯友兰先生的信，告知清华大学即将复校北平，仍将聘我到清华任教。长夜漫漫终已旦，我满怀希望开始了新的生活。

物换星移：
从《不惑集》到"知天命"

1945年抗战胜利，强寇降伏。清华大学即将复校北平，我受聘任哲学系副教授。

1946年8月，我移居清华大学乙所，暂住冯友兰先生的旧宅。此时冯先生赴美国讲学，我代冯先生讲授"中国哲学史"；又讲"哲学概论"与"孔孟哲学"两门课程。听课的有唐稚松、朱伯崑、王雨田、水泗誉、赵酬等。后来唐稚松改习数理，水泗誉改习化学，王雨田研习系统论等新说，朱伯崑为北京大学哲学系教授，赵酬在广州军区工作，都有很高的成就。1948年冯先生回国，仍回乙所居住，我就移居清华旧西院甲14号，仍讲授"中国哲学史"课程。

在光复后的北平，我又见到了往日敬佩的哲学界前辈，分外高兴。时相过从。1948年熊十力先生回南方，林宰平先生和我到前门火车站送行。回来路上，林先生对我说："冯芝生年岁不算大，但他的学说已经定了，定得太早了吧！"林先生治学态度最谦虚，故有此说。他当时已70岁了，是哲学界受人尊敬的老前辈。

1947年的一天，我同金岳霖先生闲谈。我问金先生，您的著作《知识论》已经写成了吗？金先生说："已经写完了，这本书写完，我可以死矣！"从这句话看来，《知识论》一书真是他最重要的代表作。又有一天，我和金先生同行，金先生忽然问我，你看熊十力的哲学怎样？我后来反问金先生。金先生说："熊十力的哲学背后有他这个人，这一点我不如他。"从这段问答看来，金先生对熊十力先生的哲学还是比较了解的。熊先生的哲学著作表现了他的人格，这是我敬佩的。记得有一次我问熊先生：万物一体很难体会，应如何理解？熊先生回答说：万物一体是一句老实话，如果达到那个境界，就自然懂得；如果没有达到那个境界，说也说不明白。哑子吃黄连，有苦说不出。要有那个境界才能理解。熊先生说万物一体是一句老实话，给我印象很深。

这段时间，我课务较繁，本拟补写原计划《天人新论》的未完成部分，而竟无暇隙。1947年暑假时，我恐怕《天人新论》一时难以续成，故此先将已写成的部分略加修订删校，为这四本书各自写了一篇序言。其中《事理论》的序言，对前后始末叙述较详，兹录于此：

"七七事变"后,余蛰伏故都,不与世接,日唯取中西古今哲学典籍读之,专务深沉之思,拟穷究天人之故,有的辄札记之,三四年间居然成帙,遂于民国三十一年春起整理成篇。唯生事颇窘,躬役柴水之劳,著作之业时作时辍,迄于抗战胜利,仅成《哲学思维论》、《事理论》、《知实论》、《品德论》共四篇,其中《哲学思维论》、《知实论》,俱仅成数章,《品德论》仅得提纲,唯《事理论》粗具首尾。乱世治学,亦云难矣。民初以来,时贤论学,于绍述西哲之余兼明中国往旨,于程朱、陆王、习斋、东原之学时有阐发。学人之中,述颜戴之指者,宗陆王之说者,绍程朱之统者,皆已有人。而此篇所谈,则与横渠、船山之旨为最近,于西方则兼取唯物论与解析哲学之说,非敢立异于时贤,不欲自违其所信耳。今抗战胜利,大地重光,而内战方亟,学术难言,姑录存箧笥,聊备他日稽览云尔。

三十六年八月

1948年夏,战事愈烈,我恐生活将又起变化,而《天人新论》终不得安心完成。又恐久而遗忘昔日所思,于是将自己对于各方面的哲学问题的见解作了一篇概述,名之曰《天人简论》。自序撰"新论"之初志为:"将欲穷究天人之故,畅发体用之蕴,以继往哲,以开新风。"当时我以为哲学是"天人之学",故以为名。拙著《天人简论》共分十节。其梗概如下:

（一）天人本至

天为人之所本，人为天之所至。本者本根，至者最高成就。宇宙大化，无生物演化而有生物，生物演化而有有心之生物，至于人类，可谓物类中最优异者。古代哲学认为天地的本根即是人类道德的最高标准，其实不然，本根与至极有别。

（二）物统事理

凡物皆历程，指其历程中之变化而言谓之事；指其变化中之规律而言谓之理。物统事理。事为实有，理亦实有，统含事理之物亦实有。

（三）物原心流

宇宙演化是由物质（一般物质）而生物（有生命的物质）而有心物（有心知的有生命物质）。物为基本，生命心知为物质演化而有之较高层级的形态。物为本原，心乃物质演化而有，为支流，物原而心流。物为一体，生命与心知以物为基础，一本而多级。

（四）永恒两一

一切事物皆在变化迁流之中，一切对立莫不有其统一。矛盾之出现是实际的必然，矛盾之克服是理想的当然。如无对立矛盾，则世界将成为静止的世界，如无对立之相对和谐，则将无相对固定之物，而世界将成为刹那幻灭之世界。

（五）大化三级

宇宙大化有三级，一元级，二理级，三至级。元极是最根本的物质存在。理极是最根本的原理即最普遍的规律，至极是最高的价值准则。最高的价值准则是兼赅众异而得其平衡,可称为"兼和"。古昔哲人常言中庸,中庸易致停滞不进之弊,今拟以兼易中,以兼中易中庸。

(六)知通内外

心为内,物为外,知乃所以通内外。有外物然后有感觉,感觉为知识之开端。人之知识又依凭于实践。

(七)真知三表

真知有三个标准,一曰自语贯通,即非自语相违;二曰与感觉经验之内容相应,即与感觉经验相符合;三曰依之实践,结果如所预期。真知在于认识、经验、实践三者之一致。

(八)群己一体

个人不能脱离社会而生活,群与己之关系乃系全与分的关系。群之利害即己之利害,正如一身之利害即四肢之利害。

(九)人群三事

《左氏春秋》以正德、利用、厚生为三事,正德是提高精神生活,利用、厚生是改进物质生活,三事并重,兼精神生活与物质生活而无所偏废。今亦言三事:一御天,二革制,三化性。御天即改变自然,革制即改造社会,化性即改变人的本性。"万物并育而不相害,道并行而不相悖",可谓最高的理想,实际乃是万物并育而更相害,道并行而复相悖。克服相悖相害,以达到相顺相和,乃人群前进之方向。

(十)拟议新德

道德随时代之不同而变迁,随社会生活之改易而转移。故当审时代之需要建立新道德。道德之根本唯一，曰公而已矣。旧德之中亦有不可辄废者，亦可惜用旧名赋予新义。今提出六达德六基德。达德：一公忠，二任恤，三信诚，四谦让，五廉立，六勇敢。基德：一孝亲，二慈幼，三勤劳，四节俭，五爱护公物，六知耻。

我的哲学探索是试图将现代唯物论与逻辑分析方法以及中国哲学的优秀传统结合起来，《事理论》的自序说："民初以来……学人之中，述颜戴之指者，宗陆王之说者，绍程朱之统者，皆已有人。而此编所谈，则与横渠、船山之旨为最近，于西方则兼取唯物论与解析哲学之说，非敢立异于时贤，不欲自违其所信耳。"吾于往哲，钦慕横渠、船山之学，但横渠、船山以"气"为基本概念，吾则以"事"为基本概念，亦有所不同。

我的哲学观点，大部分都前有所承，但是也有一些独抒己见的论点，约略言之有六点：

（一）分别本至，古代哲学往往以为世界的本原即道德的最高标准，如朱熹以为太极即天地万物的本体又是最高的道德标准，我则认为世界本原与人生的最高准则是二非一。

（二）提出"物统事理"的命题，物是事事相续而具有一定之理的实有历程。这个命题是仿照张横渠所谓"心统性情"而提出的，以"事"、"理"与"物"为宇宙观的基本范畴。

（三）肯定了和谐的重要意义，认为矛盾为变化之源，而和谐为存在之基。如无矛盾冲突，则世界将成为静止的世界；如无和谐，则世界将成须臾幻灭的世界。物之存在系于和谐。

（四）提出"充生以达理"、"胜乖以达和"的人生思想，强调充实生命力与提高道德觉悟的统一。

（五）以"与群为一"作为道德的最高准则。

（六）主张以"兼和"易"中庸"。在日常生活中提倡"中庸"是必要的，但专讲"中庸"，往往陷于庸俗。我以为"中庸"作为原则不如"兼和"，"兼"者兼容众异，"和"者包含多样而得其平衡。我赞同史伯所谓"以它平它，谓之和"。"兼和"可以引导品德事业日新永进而不陷于停滞。

从40年代初开始《天人新论》的计划，到1948年写出《天人简论》，随着时间之推移，我的思想也有所前进。但大致上我在40岁以前对于若干哲学问题，前后有着较为一贯的基本观点。《天人简论》一篇，可以说是我40岁前思想的概略。现在看来，文言的形式显得陈旧了，不利于思想的传播。而其中肯定物质是心知的本原，提出以"兼和"代"中庸"的观点，自审尚非过时。惜乎此后数十年来，物换星移，变故种种，我自己也匆匆老矣。

1948年我虚龄40岁，孔子说"四十而不惑"，我颇同感，于是把《哲学思维论》、《知实论》、《事理论》、《品德论》及《天人简论》，合编一箧，命之曰《不惑集》（近年有的友人建议合称为《天人五论》），可谓我前半生的一个总结。以后，国家和我个人都进入一个改天换地的新时代了。

早在1946年，我到尚志学会拜访林宰平（志钧）先生时，他说："刚才梁漱溟先生来了，他到延安访问回来，他说蒋、毛相争，蒋介石必败,毛泽东必胜。"林先生所转述梁漱溟先生的话,给我以深刻的印象。

1947年5月,北平学生发起"反内战,反饥饿"运动,哲学系的学生来访问我,我对学生说:"今天的内战的性质,是买办阶级反人民的残暴战争,知识分子无论如何应该做抗议的表示。"学生们将这次谈话内容的记录贴在大饭厅的墙壁上,后来《观察》杂志第2卷第14期上转载了。

1948年12月,人民解放军进抵北平西郊,清华园先于城内解放了,所以我们一些老教师算是"建国前参加革命工作",在80年代还享有政府的礼遇和照顾,清华大学师生热烈欢迎解放军,而国民党空军对清华园投掷了炸弹。一天下午,我正在工字厅前树林的道路上行走,有一架飞机向工字厅附近扔了炸弹,炸了一个大坑,距离我仅两丈多远,我安然无所惧。

到1949年春季,应学生们要求,经学校同意,我开讲"辩证唯物论"课程,听者很踊跃。次年,我又讲过"辩证法"、"新民主主义论"等大课。当时清华开设全校必修的"大课",第一课由金岳霖先生讲唯物论,由我讲辩证法。此后又让我讲"新民主主义论"。但后来发现,讲辩证唯物论哲学,必须联系中国革命实际及中共党史,而我对于党史及当时的政策都缺乏信息来源,难以联系实际,以后便决定不再讲"辩证唯物论"课程了。

1949年新中国成立,毛泽东主席宣布:"中国人民站起来了!"我深受鼓舞。当时正值不惑之年,很有一种投身新中国建设事业的激情。

晚年的张岱年独自在树荫下,他似在思考着什么。

50年代之初,中国人民大学聘请到苏联专家来讲授"马列主义基础"及"辩证唯物论",教育部指示,让北大、清华各派一名教授到人民大学听苏联专家讲课。北大派去听讲的是郑昕教授,清华则决定让我前去听课,我在清华大学亦开讲"马列主义基础"课程,照本宣讲而已。

当时学术界都比较自觉地学习马列主义,金岳霖先生与冯友兰先生都努力学习辩证唯物论哲学,思想上有了重大的转变。金、冯两先生在哲学上本来都已自成一家,而今努力研读马、列及毛主席的著作,他们的谦虚态度应是值得肯定的。50年代初,冯友兰先生曾对我这样说:"中国近代的思想家,如康有为、严复、章太炎,早年很进步,晚年都倒退了!唯有孙中山和鲁迅,是随着时代前进的。我们也要随着时代前进,永不后退。"冯先生的哲学,从主张"理在事先",到肯定"理在事中",这正是随着时代前进的表现。这也是我从30年代起同他争辩的一个主要问题。在80年代,冯先生又对我说:"现在我赞同《庄子·逍遥游》所讲的态度'举世而誉之而不加劝,举世而非之而不加沮'。"这就是表示,既要随时代前进,又不是随风向而转移。这的确应是坚持真理的两个方面。

这一时期,我除了去人民大学听课之外,辅仁大学还邀我去讲"辩证唯物论与历史唯物论"课程,母校北师大则聘我为兼职教授,讲"新哲学概论"。当时北师大尚在厂甸,我旧地重游,甚感快慰。我每周奔走于清华、人大、辅仁、师大四校之间,学习和工作非常紧张,但精力充沛,不感疲劳。当时的公共汽车也不像今天这样拥挤,乘坐比较方便。

1951年我在清华大学提升为哲学系教授,当时参加审查评议的有雷海宗、王亚南两位先生,都肯定了我的学术水平。时任清华大学哲学系教授的还有金岳霖、冯友兰、邓以蛰、沈有鼎、王宪钧、任华诸先生。周礼全任助教。

1952年秋,高等院校调整,清华的文、理、法学院都并入北京大学,北大亦由城内迁至燕京大学旧址。全国六所高校(北大、清华、燕京、南大、武大、中山)的哲学系合并,教授都集中到北大,如朱谦之、宗白华、黄子通等;汤用彤、郑昕、贺麟原来就在北大,汤先生还担任了北大副校长,兼任哲学系教授;再加上从清华来的冯先生、金先生等一班人,真是集一时之盛。新北大哲学系由金岳霖先生任系主任,金先生本来不习惯于事务工作,现在则每日须到系办公室上班,统筹全系各项工作。

1953年北大也聘请了苏联专家,讲"马列主义基础",由我和黄楠森担任辅导,讲"马、恩、列、斯著作选读"。之后,成立了中国哲学史教研室,冯友兰先生任教研室主任。那时教研室很活跃,经常开展讨论。一次教研室讨论明清思想,王锦第以木刻本方以智的《物理小说》相示,当时我不了解此书的价值,对他说:"这书没有什么。"后来我才认识到此书含有重要的唯物论观点,深悔当时太不虚心了。

教研室同人集体准备,努力运用马克思主义的立场、观点、方法研究中国哲学史,计划开设新内容的"中国哲学史"课程。当时北大教务长尹达同志参加中国哲学史教研室的讨论会,考虑讲课教师的人选,建议由冯友兰先生和我担任课程主讲,于1954年至1955学年开设"中国哲学史"课程,冯先生讲先秦至汉初,我讲汉初至明清,是为新中国成立后第一次开设的"中国哲学史"课程,当时庞朴、萧𥱰父、申正、乔长路等同志都来旁听。1956年,我则专讲宋元明清一段,编写了《宋元明清哲学史提纲》,1957年至1958年在《新建设》杂志上连载,是为新中国成立后第一部关于宋明哲学史的论著。

50年代初,我致力于学习,教学工作也很忙,1950年迁居清华新林院41号西半,1952年冬院系调整后又移居北大中关园,1953年秋季,教学任务稍轻,于是抽暇整理旧存札记,经过半年多时间,把《不惑集》即《天人五论》五部论稿以外的一些散稿,写定为89篇研思札记,誊录成册,借以保留自己思想演变过程的一段陈迹,名之为"认识、实在、理想"(1988年编入《真与善的探索》)。

当时教研室规定,每人每学期都需撰写一篇有关中国哲学史的论文。1953年我写过关于墨子思想的一篇,无甚新意。1954年撰写了《王船山的世界观》,内容比较深刻,是新中国成立后第一篇关于王夫之的哲学专论,详细分析了船山的唯物论学说和辩证法思想。

原本我和汪毅同志商定,合写一本关于王船山哲学的著作,我写世界观与认识论部分,他写社会政治思想。由于当时我较忙,写得较慢,而他写的部分很快完成了。我建议他可以先印出来。他找了一个出版社,很快印成《王船山的社会政治思想》一书,友人王孝鱼曾大加称赞。在北大哲学系中国哲学史教研室中,汪毅年岁最小(年岁最大的是黄子通),原是燕京大学的青年教师。1955年我讲授"中国哲学史"两汉至明清阶段课程时,就由他担任辅教。过了不久,汪毅忽患面部癌症,医好了又复发,遂至不幸早逝!教研室中最年少者却最先逝去了,令人惋惜。他的著作《王船山的社会政治思想》将长存于世。

我写的《王船山的世界观》稍晚也完成了,教研室开了讨论会,邀请贺麟同志参加评议。贺先生说:我原来认为王船山哲学是客观唯心论,看了这篇文章,我赞同船山是唯物论。当时金岳霖先生担任《光明日报》的《哲学》副刊主编,提议发表此文,因原文较长,1954年仅发表了其中讲唯物论的部分,题为"王船山的唯物论思想"。

1955年初,我又向教研室提交了论文《张横渠的哲学》,详细论述张载的气化学说,肯定了其唯物论的本质。冯友兰先生将此文推荐给即将于5月份创刊的《哲学研究》,发表于《哲学研究》1955年第1期。此文曾引起争论,我写了两篇答辩文章。

1956年又应湖北人民出版社之约,写了通俗小册子《张载——中国11世纪唯物主义哲学家》。应中国青年出版社之约,写了《中国唯物主义思想简史》。两书均在翌年出版。

1957年1月,北京大学召开了中国哲学史讨论会,在会上我发言谈论中国哲学史的范围与哲学遗产的继承问题,后来发言稿收入《中国哲学史问题讨论专辑》一书。当时我对于哲学中唯物与唯心两条路线的斗争与伦理思想的关系的问题颇感兴趣,撰写了论文《中国伦理思想发展规律的初步研究》,1957年由科学出版社出版。1957年春,我发表了《中国古代哲学中若干基本概念的起源与演变》一文,对于气、太虚、天、道、太极、理、神、本体等八个范畴进行了诠释。继而又发表了《中国古典哲学的几个特点》,对于中国古典哲学的基本倾向有所阐发。

可以说,从建国初到1957年以前,我时值盛年,投身教学工作和学术研究,生活忙碌而充实,由于想法单纯,心情也算较为舒畅。

大约在1955年,有一天我访问熊十力先生,熊先生正在那里叹气。我感到奇怪,就问:"熊先生为什么叹气呀?"他说:"我担心今后人们都不会思想了。"当时我对他说:"不至于如此。"熊先生主张创造性的思维,他是担心创造性的思维因一家独尊而削弱了。1935年在一次谈话中,熊先生对我说:"冯芝生说我的《新唯识论》无所谓,我的书怎么是无所谓呢?"过了一段时间,我见到冯友兰先生,我就问冯先生,您为什么说熊先生的《新唯识论》是无所谓呢?冯先生说:"假如《新唯识论》在辛亥革命前后发表,那真是一部了不得的著作,但是现在时代进步了,他还讲那样一套,就显得陈旧了,所以我说它'无所谓'。"这是30年代的一段故事。

到了50年代,我又和冯先生谈到熊十力先生的著作,冯先生则说:"现在看来,熊十力确实了不得,他的思想确实深刻,而且逻辑性很强。"冯先生重新肯定熊先生是一位有创造性的哲学家。早在"三反"的时候,冯先生写了几次检查都通不过。据说金岳霖先生到他家去看望,两个人都哭了。到第三次,校领导张奚若说了句话:"我看冯友兰这次检查很有进步。"这才算是过关了。所以到了1957年,上边几次找他谈话,请他"鸣放",冯先生学得谨慎了,就只有一句话:"我认为社会主义好。"

我却未能逃过此劫。

1956年,党宣布了"百花齐放,百家争鸣"的方针,我非常高兴,可以说是欢欣鼓舞。在中国科学院社会科学部召开的一次座谈会上,我还发言说,先秦时期曾经出现"百家争鸣",现在又要实行"百家争鸣"了,但是,现在的"百家争鸣"与先秦时期的"百家争鸣"应有所不同。现在的"百家争鸣"应是马克思主义指导之下的"百家争鸣"。这是我当时的认识,我是坚决拥护马克思主义的。

嗣后,我访问熊十力先生,熊先生告诫我:"你要注意,情况是复杂的;你如不注意,可能有人以最坏的污名加在你的头上。"当时我觉得,我信仰唯物论,又拥护社会主义,不会有什么问题。不意到了1957年秋,我遭受了平生第一次大厄大辱。

1957年党号召群众给党提意见,我很感动,觉得共产党既然如此信任群众,应将平日的感想说出来。5月17日,在中国哲学史教研室工会小组会上,我发言说:"'三反'、'肃反',我都积极参加了,但觉得也有一些问题。清华搞'三反'运动,一些老教授,如冯友兰先生、潘光旦先生,检查了三次才通过,未免伤了知识分子的感情。'肃反'运动时,本系开了王锦第的批判会。到事后才宣布调查结论,说王锦第的问题早在解放初期就已经交代了,没有新的问题。为什么不先调查后讨论呢?不先调查,却先开批判会,这不合适。"

我接着又盛赞"双百"方针的英明。当时也无人反驳。经过了一个暑假,到了9月初,忽然开会对我进行批判,认为我反对"三反",反对"肃反",宣扬资产阶级的思想自由。于是扣上资产阶级"右派"的帽子。当时我完全陷入迷惘之中。在批判会中,一些人深文周纳,给我加上很多莫须有的罪名,剥夺了我的教学权利。一些熟人,睹面如不相识,令我大有炎凉沧桑之感。

但是公道也自在人心,周礼全同志知我受诬,给我以慰藉。北师大故人高静生(敦粹)来看望,说了三句话:"要坚强!要经得住考验!

要利用有利条件!"我深受感动！老友如张恒寿、潘炳皋、王维诚、孙楷第等，仍与我保持友谊。前辈中如金岳霖先生、朱谦之先生、唐钺先生等，仍以常礼待我。1958 年，到芦城参加劳动，同行的师生对我另眼看待，而老教授唐钺随众下乡参观时，见到我后却同我亲切握手，我当时非常感动。又有一次在学校开会，见到金岳霖先生，金先生亦亲切握手。龚定庵诗云："万人丛中一握手，令我衣袖三年香!"我颇有同感！

我非常感念在我遭受厄运时给我帮助、安慰的相识和不相识的人们。在芦城劳动时，有一天忽患腰痛，坐卧十分困难，到芦城诊疗所求医，诊疗所崔大夫给我打了一次 B_1 针，立刻就好了。平生只打过这一次 B_1 针。我对于崔大夫十分感谢，可惜忘了他的大名。但他的友情长留在我的记忆中。1958 年 8 月下放到北京郊区黄村参加劳动，有些农民知道我被划为"右派"后，很同情我，私下对我说："你不就是说了几句真话吗?"农民同志的淳朴令我感动。

"五十而知天命"，我年近五十而遭此无妄之灾，才知道人生确有命存焉，实亦由自己狂傲不慎所致。在划入另册的时候，我自信是拥护社会主义的，我仍然信持辩证唯物论，愿努力弘扬中国唯物论的光辉传统。

一场噩梦：
被贻误的 20 年

从被打成右派算起，20 年间我几乎没有发表论著。旧著《中国哲学大纲》可谓一个例外，早在 1956 年时，商务印书馆曾找出过去已制版的纸型，决定将其付印。而到 1957 年秋，我以言获罪，被打入另册，有人认为不必印了；商务印书馆负责同志仍决定付印，建议用笔名出版。当时王锦第已调到商务印书馆工作，前来询问我的意见。我和王锦第商定，改用"宇同"的笔名。1958 年此书总算正式出版了。

从农村下放劳动回来，教研室派给我的工作是参加《中国哲学史教学资料汇编》的资料选注工作。我潜心做这些资料工作，其间经过三年自然灾害时期,生活虽艰苦,倒也相对平静。至1962年7月,大气候相对缓和了,我也被宣布"摘帽",可以参加教学工作了。但是此后仍难以公开发表文章。

1962年"回到人民队伍"后,我仍继续承担"汇编"的资料选注任务。到了1963年秋季,让我为中文系古典文献专业学生讲"中国哲学史"课程,从上古讲到近代,讲了两个学期。1964年,我也被派去参加北京近郊的"四清"运动,到朝阳区王四营公社白鹿司村参加"四清"工作组。当时同往王四营的哲学系教师还有郑昕、熊伟、周先庚、周辅成、桑灿南等。我与任华同志一组,与农民同吃同住。农村生活比较艰苦,但颇受农民同志的热情接待。特别是住房相当宽敞,休假时回到中关村住宅,一下子不适应,很感局促狭窄。

1966年6月1日,《人民日报》登出北大哲学系聂元梓的大字报,"文化大革命"开始了。随后我们从"四清"所在地奉命返校。当时北大的东南门旁贴出一个纸条,口号是:"资产阶级教授靠边站!"我们一回校就"靠边站"了。

一开始,哲学系全系老教师在一起开会学习,不久就分为两组。一组是据说有问题的,如冯先生、洪谦、熊伟、沈履、周先庚、周辅成、黄楠森、朱伯崑、吴天敏、桑灿南等,我也名列其中;有问题的这一组由黄楠森任组长,每天清晨到校园内扫地一小时,然后开会学习、写检查、抄大字报。另一组据说是没有问题的,有郑昕、唐钺、齐良骥、王宪钧、任华、宗白华、黄子通等;这一组中,黄子通不久也被揪出来,后来宗白华也受到批判,加入到我们"有问题"的行列。

我奉命每天早晨到校内一院扫地,然后去参加所谓的学习。不久冯先生病了，住进医院，两月后出院，仍参加原组学习。我向冯先生表示慰问。但也有人冷眼相对，如不相识。当时哲学系揪出所谓"黑帮"十几个人，以冯定同志及王庆淑为首，还有任宁芬、汤一介等，多为原来的系领导及负责同志，这些人被称为"黑帮"。他们每天拔草，接受批判。

当时还有很多学生到老教师家搜查，称为抄家。1966年9月初，哲学系五年级的一帮学生由助教庄卬带队到我家搜查。我自调到北大，住在中关园平房16号，他们来抄家，闹了一下午，抄走了日记及笔记卡片等，大约是想从中找出我的反动思想的"罪证"。他们没有抄去我的著作手稿，其中包括未曾发表的《天人五论》原稿，这真是万幸！庄某后来成了"四人帮"的帮凶，在70年代死去了。冯先生被抄的次数更多了，但未动他的藏书。

从1966年6月到1967年5月，差不多有一年，我天天一大早从中关园家里赶往学校，扫地、抄大字报。扫地意在得劳动改造之神韵，而抄大字报成了我们这些老知识分子对于革命小将的最后一点可利用的价值，我们手中的笔墨沦落至此，岂不哀哉！

到了1967年6月1日，"文革"一周年，哲学系"文革"领导小组宣布：张岱年、黄楠森、汤侠声、叶朗、吴天敏五人检查得较好，予以解放，从此我们五个人不扫地、不抄大字报了。我遵命参加王宪钧、任华、晏成书等人那一组的小组学习，每天看大字报，听大喇叭广播。当时北大的造反派分裂为两派，一派是"新北大"，一派是"井冈山"。两派斗争激烈，你死我活，各自都天天用高音喇叭高声广播，革命动向就这样日复一日地灌到我们耳朵里来。

1968年8月初,哲学系"文革小组"令我换房子搬家,从原住中关园16号搬出,换住到中关园二公寓211号一间半的小房间。我不敢违抗,遵命以大换小,于是不得不卖掉四平板车的旧书,又卖掉沙发。当时家具店不愿收沙发,必须有书桌陪着,就又搭卖一个书桌。一家人挤挤挨挨,总算勉强安置下来。

北大造反派的两派斗争过于凶猛,所以1968年8月末,上面就派工人阶级的"毛泽东思想宣传队"进校接管。那天晚上,命我们迎候欢迎,一直等到深夜,一个工厂的宣传队到了,大家列队欢迎,我也站在学生队当中。接着开大会,师生表示欢迎,我也说了两句,一个工宣队员立即斥责道:"你们资产阶级教授,没有发言权。"

接下来天天开会。过了几天,宣传队员又问我们:"你们资产阶级教授为什么不发言呀?"这确实令我不知如何是好。王宪钧同志问我:"不说不行,说了也不行,这怎么办呀?"他的话,是老教师的共同感受。以前我们对于古人身处乱世的心迹,容易求全责备,而自己一旦真切经历"文革"时的情景,深感难为言矣。有一个青年工人专门和我过不去,每天都找我的茬,幸好过了几天工厂把这个工人调回去了。

当时我们还算是参加群众学习的,另有不少老教师则被关进监改大院(俗称"牛棚"),如冯友兰先生、冯定同志等,都不能参加群众学习。后来,将哲学系教师都集中到38号楼居住,有家难回,每天开三段会,时时刻刻闹不停。当时掌管哲学系的宣传队开了多次大规模的批判会,批判冯定、冯友兰等,有一次也将郑昕揪出来加以批判,黄子通也受到隔离审查。对我经过内查外调,证明我确实没有历史问题,没有将我关进"牛棚",但是也开了两次小规模的批判会,仍批我1957年的"右派"问题。并说以后还要再批,但后来也就没有下文了。过后才知道,周总理讲话有指示,说摘了帽子的就不是"右派"了,不应再批。

北大两派斗争时,误杀了两个学生,宣传队进校后,揪斗严厉,教职员中多人自杀。北大教授大多数被定成反动学术权威,其中最有名的"四大反动学术权威"是翦伯赞、冯定、冯友兰、朱光潜,"小反动学术权威"就不计其数了。多少次开批斗会,他们四个每次在台上一站就是两个多钟头,苦不堪言。后来翦伯赞不堪凌辱,自杀了。翦自杀后,宣传队受到上级领导的批评。于是宣传队找冯友兰先生说:"你可千万别自杀呀!"冯先生说:"我决不自杀。"宣传队又到哲学系对我们说明翦伯赞自杀的情况,借以安定人心。此后,运动逐渐"转入正规"。

回想"文革"初起,我刚从农村返回学校,一时也不明就里,也认为这是报纸上所说的"是反修防修的需要"。但事情随后的发展,却让人触目惊心。在"文化大革命"中,每天开三段会,早请示,晚汇报,高呼"万寿无疆"、"永远健康",我心里实不以为然,认为这是不符合马克思主义的。但当时迫于形势的压力,我也不敢说出心里的反感。心口不一,随波逐流,虽出无奈,如今思之,实有愧于平生所学!

我当时虽也思考何以会出现这种局面,但囿于一己闻见,对于政治上的问题也想不清楚。我觉得"文化大革命"是个大错误。列宁认为对传统文化还是应选择吸收,毛主席早年也讲要批判地继承。我也痛感中国的历史太曲折,本来中共"八大"的决议是比较正确的,现在改革开放所实行的方针政策其实和"八大"的路线还是一致的。可是"八大"的方针不到半年就推翻了,以后反右派、庐山会议,一波未平,一波又起,终于酿成一场空前的灾难。我老是想着孟子的一句话:"率其子弟攻其父母,自生民以来,未有能济者也。"而所谓的"文化大革命"确实做到了"率其子弟攻其父母",这是反常的,真是举国若狂了。

1969年9月末,宣传队号召教职工到江西鄱阳湖畔鲤鱼洲"五七"干校劳动锻炼,名单上有我,我就整理行装随着队伍乘火车前往江西。

到鲤鱼洲后,哲学系与历史系合编为第八连。大家住在大草棚里,江西冬春多雪,往往夜间降雪,次日早晨发现头发上有不少雪花,因为头是向外的。初到鲤鱼洲,我也参加运石子、编草帘、插稻秧等劳动。因我年纪已过60周岁,后来就被编入老年组,同组还有王宪钧、周先庚、桑灿南、吴天敏、李长林等,从事种菜等相对较轻的体力劳动。

江西土质是红土,在鲤鱼洲,真可谓是"有雨是泥,无雨是铜"。泥地很滑,我经常摔跟头,有一次摔伤左腿胫部,痛了一百多天才好。俗话说,伤筋动骨一百天,确是如此。在劳动时,两手都是泥土,喝水不易,于是养成习惯,早饭后喝一大杯,即去参加劳动,午饭前一大杯,午休后一大杯,晚饭前一大杯。除此以外,每天各时段中间不喝水。这一习惯我保留至今,可谓是"五七"干校之遗赠。

八连常让老年人值夜班,夜间坐在草棚外守望。我经常轮值夜班,坐在棚外。此刻,夜阑人静,万籁俱寂,颇有静观之趣。仰望天空,北斗俨然在目,别有一番乐趣。多年以来,我住在大城市,房屋比栉,烟尘弥天,很难见到星斗。今一片空阔,仰观天象,星云皎然,使我顿感心底一片澄明。

1970年10月,八连领导宣布,石坚、张岱年、汤侠声等可以先期回校,于是10月3日启程北归。到此,我在鲤鱼洲整整度过一年。次年起,冯定、王宪钧等也陆续回到北京。

重返学校后,让我参加新开始招收的工农兵学员的教学辅导工作。当时的情况是,老教师要听青年教师的,青年教师要听工宣队师傅。昔日的学生凌驾于昔日的教师之上,少壮者对于老年人都是直呼其名。冯友兰先生已年近八十,年轻人对他仍直呼其名。工农兵学员们呼我为"老张",这就算很客气了。

那时常要听宣传队领导的大报告。一天忽听王连龙副政委传达关于林彪叛逃事件的文件,我既惊且喜,我久已怀疑林彪其人心含奸诈,至此真相大白,我对今后国家形势有了一些良好期待。

1972年,毛主席发出"要学点哲学史"的指示,于是北大奉命接受了编写《中国哲学史》教科书的任务,组成写作组,让冯友兰先生、楼宇烈、朱伯崑和我参加,后来汤一介、邓艾民回到系里也参加了。当时分工是由我撰写宋元明清部分,这还是50年代中国哲学史教研室的教学分工。有了这项任务,生活就比前几年相对安定一些,1973年让我迁居北大西门外蔚秀园16公寓,二室房,较前稍见宽适一点。我们这本以集体名义编写的教科书写完后,到70年代末在中华书局出版。

1974年,"批儒评法"运动渐入高潮,哲学系派我为各班同学讲解儒家和法家的历史文献资料，为这班讲了，又为那班讲，十分忙碌。有些典故，同学们查不到，如李卓吾著作中批评所谓"牛医儿"，不知"牛医儿"何所指；我为之指出，"牛医儿"指后汉名士黄宪。在"批孔"的高潮中，我如实讲解关于孔子的资料，坚持客观的态度，尽力避免"曲学阿世"。但对于一些有意的曲解，也不敢提出反驳。

如《论语》记载："长沮、桀溺耦而耕，孔子过之，使子路问津焉。"长沮、桀溺不答，于是孔子叹息道："鸟兽不可与同群，吾非斯人之徒与而谁与？"当时红极一时的杨荣国撰文说"鸟兽"即指长沮、桀溺而言，孔子指斥隐者为鸟兽。这完全是误解，我也只好听之任之。当时北大、清华两校大批判组，被"四人帮"用为政治工具，以"梁效"为名写了许多影射周公的文章，攻击孔子，不顾事实，强词夺理，我对这些虽不以为然，也只能保持沉默而已。

可以说，经过多年的运动，到"文革"，学术界更是根本不能讲了。我那时也觉得学术算是完了，得过且过，活一天算一天。那时几乎所有身临其境的教师都看不出有任何光明前途，都感到以后研究学术是根本没有指望了，一些人还进而产生随顺政治需要的无所谓心态，更有甚者，搞起了无原则的学术政治投机。到了"儒法斗争"时，经历新中国成立以来多次围攻、批斗的冯先生，这次又受到很大压力，不得不委曲求全，写了应景的"批孔"文章，于是被利用，被捧了起来。后来海内外一些人对此不太谅解，对他批评谩骂。其实冯先生处境实在很难，他决不是投机家。他晚年痛定思痛，在皇皇巨著七卷本《中国哲学史新编》中发表他对现代中国的反思。他在去世前一年跟我说，他现在采取《庄子》里所讲的态度，"举世而誉之而不加劝，举世而非之而不加沮"。我对他说,哲学家就是要有这个态度。

我自己当时幸而未被迫发表"批孔"文章,虽基本坚持了立场,但也无非保持沉默而已。

1976年,毛泽东主席逝世之后,党中央一举粉碎了"四人帮",全国人民无比欢腾,我感到获得一次精神的大解放,为平生一大快事,非常欣喜。1978年党中央拨乱反正,重审历年的冤假错案。1979年1月,北京大学党委宣布我1957年属于错划,予以彻底改正,恢复了我的名誉和工资待遇。

国家遭受了一场10年浩劫,我个人则经历了20年噩梦。大梦醒来,我已年近古稀,虚掷了作为一个哲学工作者非常宝贵的五六十岁这样的盛年,稍可庆幸的是自己一息尚存,脑力未衰,还可以投入学术研究与培养学术新人的工作。

在史无前例的"文化大革命"中,流行"越有知识越反动"的口号,如今肯定了知识的价值,肯定了教育的重要,我心胸为之一振。于是改陈子昂的诗句为:"前既闻古人,后亦睹来者(现在的青年人都是来者),念天地之长久,应欣然而微笑。"表达了我乐观的情绪。此时我研究学问、追求真理的夙愿又复活了,开始了新的生活。

新的时期:
学术生涯的第二次青春

1977年中华书局依据《张子全书》重新编订,编成《张载集》,让我加以审阅并写一篇前言,于是写了《关于张载的思想和著作》一文,是为我多年沉默之后重新发表论著之始。

同年9月,《哲学研究》批准复刊,丁健生同志邀我写一篇文章,于是我写了《关于中国封建时代哲学思想上的路线斗争》一文,于1978年2月第1、2期合刊登出,这是我在学术刊物重新发表论文之始。

1978年12月,在太原召开了第一次中国哲学史讨论会,我提交了《论中国哲学史研究中的理论分析方法》一文。这次会议上,成立了中国哲学史学会,大家推举冯友兰、贺麟等为顾问,推我为中国哲学史学会会长,任继愈、石峻、冯契等同志任副会长。衷尔矩任秘书长,杨宪邦、楼宇烈任副秘书长,协助办理学会的具体事务。中国哲学史学会三年改选一次,在第二次、第三次会议上,都举行了票选,绝大多数同志都投票选我留任会长。第四次会议前,我辞去理事之职,不再参加会长选举,大会推举我为名誉会长。我前后担任会长计有十年,其间我确实是担负起了学会的领导工作,具体事务则与石峻、衷尔矩等同志商讨办理。

1978年,北京大学哲学系重新开始招收中国哲学史硕士研究生,决定由我主持录取考试,共录取程宜山、王德有、刘笑敢、陈来、吴琼、陈战国、鲁军、袁德金、陈小于等十人。

我为研究生讲两门课程,一为"中国哲学史史料学",二为"中国哲学史方法论"。友人中国人民大学讲师姜法曾同志曾随班听课,并做了详细的笔记。之后,我依据原来的讲课提纲及姜法曾同志的笔记,整理成为《中国哲学史史料学》一书。又依据讲课提纲,参考姜法曾同志的笔记,另加增补,写成《中国哲学史方法论发凡》一书。几年后都付印出版了。

《中国哲学史史料学》评述殷周以来有关哲学思想的文献资料,对于先秦诸子考证较详。30年代初我读大学时,曾写过有关老子年代的考辨文章,认为《老子》书的年代在孔墨之后、孟庄之前。后来我看到郭沫若先生的《先秦天道观之进展》,其中说:"老子就是老聃,本是秦以前人的定论,《庄子》、《吕氏春秋》、《韩非子》都是绝好的证明。

……老子与孔子同时,且为孔子的先生,在吕氏门下的那一批学者也是毫无疑问的。《韩非子》有《解老》、《喻老》诸篇,所解所喻的《老子》都和今存的《老子》无甚出入。而《六反篇》引老聃有言曰:知足不辱,知止不殆,在今本第四十四章。《内储说下·六微》:权势不可以借人……其说在老聃之言失鱼也。其下所引申的说明又引用着国之利器不可以借人的话,都在今本第三十六章中。……可见韩非眼中的老子也就是老聃。"

我认为郭氏所举理由比较有力,老子与孔子同时而且年长于孔子,这在战国时代并无疑问。我又发现,《论语》中有批评"以德报怨"的话,正是孔子对于老子的批评,亦足为证。但《老子》书中有菲薄仁义的言论,不可能出现于春秋时期,应是战国时期老子后学附益的文句。《史记》曾说"环渊著上下篇",郭老认为环渊著上下篇即是《老子》上下篇,则未免证据不足。郭氏又认为环渊就是关尹,实无确证,未免陷于主观臆断。

我同意郭沫若关于老子的考证,但是反对郭氏关于《周易》年代的论断。郭氏著《周易之制作时代》,认为《周易》是春秋时代的作品,他的证据是《周易》有几处提到"中行",如益卦六三:"中行告公用圭";泰卦九二:"得尚于中行";复卦六四:"中行独复"。郭氏认为,"中行"即春秋时晋国的荀林父。但这一见解实属武断。《左传》"庄公二十二年"记载:周史有以《周易》见陈侯者,这在荀林父将"中行"之前八十多年,当时已有《周易》古经了。"中行"二字绝非指荀林父。我同意《周易》作于周初的见解。

《管子》书中有几篇富于哲学思想的篇什,即《心术》上下、《白心》、《内业》等，以前我未注意，冯友兰先生旧著《中国哲学史》亦未论及。郭沫若指出了这几篇的重要意义，这是郭老的一个贡献。但郭氏认为这几篇是宋钘、尹文的著作，著《宋钘尹文遗著考》，做了较详的论证。很多人肯定这是郭老的一个大发现。我将《庄子》、《荀子》等书中关于宋尹学说的记述与《管子》这几篇的内容做了比较，认为郭氏这个论断其实证据不足，难以成立。我肯定这几篇在哲学史上的重要地位，同时亦肯定宋尹学派的贡献，但是认为这几篇不是宋尹的遗著。

这本《中国哲学史史料学》的一些研究心得，可以追溯到40年代。1947年4月5日我曾在《大公报·图书周刊》发表《评〈十批判书〉》一文。文章虽仅两千言，却也包含有我当时研读先秦诸子的见解，针对郭著《十批判书》而逐条提出了一些批评。但这本书也有不足之处，大部分内容只是介绍了中国古典哲学著作的常识，而对于历代著作的版本未加详述，这也是一个明显的缺陷。

《中国哲学史方法论发凡》一书则提出了我关于哲学史研究方法的一系列观点。书中着重讨论了哲学史的范围、哲学的基本问题与基本派别、如何正确评价唯物主义与唯心主义，对于哲学思想的阶级分析方法、对于哲学思想的理论分析方法、正确理解"历史的与逻辑的之统一"、哲学遗产的批判继承，以及整理史料的方法。

对于其中的一些问题，我提出了自己的见解。例如，关于"哲学思想的理论分析方法"，我特别强调了哲学命题的普遍意义与特殊意义，认为哲学命题大都是普遍命题，具有两重意义。一方面，它反映了某一客观的普遍规律，这是它的普遍意义。另一方面，当一个思想家提出一个命题的时候,他是根据某些特殊事例而提出的,这个命题是某些特殊事例的总结,是这些特殊事例的概括。这是它的特殊意义。例如,荀子讲"天行有常",意谓天体运行有一定规律,这是它的普遍意义。而当时所了解的天体运行的规律是日月星辰绕地而行,是"地球中心论"。这是这句话的特殊意义。从现代天文学知识来讲,讲太阳星辰绕地而行是错误的;但是肯定天体运行有一定规律,还是一个有深刻意义的正确命题。

任何哲学命题都是某一时代的思想家依据当时某些特殊事例总结出来的。经过历史的发展,人们发现原来对于那些事例的认识包含一些错误,但是这个命题仍然反映了一定的普遍规律,必须承认这个命题的提出是对于人类认识史的一个重要贡献。哲学命题的普遍意义往往不止于一层,对于哲学命题的多层含义亦应重视。例如程朱学派讲"性即理也",具有复杂的意义,其含义之一是说一类物的本性就是一类物的根本规律,这是正确的;其含义之二是说人的本性即仁义礼智的伦理准则,这是一种道德先验论,这就错了。程朱所谓"格物致知",既是一种求知方法,又是一种修养方法。对于任何哲学命题都要进行全面的辩证的分析。

对于哲学遗产的批判继承问题,我也进行了比较深入的思考。早在1956年1月中国哲学史讨论会中,我就发言谈论"哲学遗产的继承问题"。1957年6月,我又撰写了《关于哲学思想的阶级性与继承性》,发表于《新建设》杂志。1979年在《哲学研究》上我又发表了一篇《论哲学思想的批判继承》,但是关于这个问题的思考,到撰写《中国哲学史方法论发凡》之时才渐臻成熟。

　　进入 20 世纪 80 年代,张岱年已到了孔子所谓"从心所欲而不逾矩"的古稀之年,他仍以高兴的心情努力工作。1982 年,他开始招收博士研究生。1983 年,他又参加了中国共产党。这是张岱年 1991 年主持哲学专业硕士论文答辩会。

我认为，每一时代的思想家，提出一个概念范畴或一个重要命题，总是从当时自然知识和社会知识中提炼、总结出来的，是一定范围内许多事例的概括，而反映了一定的客观规律或普遍联系。时代改变了，原来的自然知识和社会知识可能已经过时了；但是，如果哲学家所提出的命题确实反映了客观规律或普遍联系，我们就应该加以肯定，继承下来。我们对于这个规律或联系的理解可能与古代对于这个规律与联系的理解有很大的不同，这正是表示，古今思想既有连续性，又有差异性。

例如老子说："祸兮福所倚，福兮祸所伏。"孟子说："得道者多助，失道者寡助。"又说："天时不如地利，地利不如人和。"这些命题，在当时有其时代的内容，但都反映了一定的普遍规律。其所包含的时代内容随着时代的演变而逐渐转易，其所反映的普遍规律却越来越显著。这些命题蕴涵着深刻的智慧，给予我们以重要的启迪。批判继承的基本原则就是发扬具有科学性、进步性的正确思想，批判一切非科学的保守性、反动性的谬误思想，具有科学性的即对于客观实际的正确认识，科学性的思想必然能促进社会的发展，因而也具有进步性。

冯友兰先生1957年7月曾发表了一篇文章，题目是"关于中国哲学遗产的继承问题"，认为有些哲学命题具有两方面的意义：一是抽象的意义，一是具体的意义。可以继承的是其抽象的意义。之后，冯先生这一见解遭到围攻，被称为"抽象继承法"。其实把冯先生这一见解称为"抽象继承法"，是不正确的。冯先生讲的是继承的方法，而没有谈论继承的标准。继承的标准应该是思想的科学性与进步性。但是冯先生对于哲学命题的抽象意义与具体意义的分析,还是符合实际的。我肯定哲学命题都具有普遍意义,正确的哲学命题的普遍意义是应该继承的。

进入 80 年代,我已到了孔子所谓"从心所欲而不逾矩"的古稀之年,仍以高兴的心情努力于教学工作。

1982 年,北京大学开始招收博士研究生,由我担任哲学系中国哲学史专业博士研究生导师,当时北京大学任哲学学科博士生导师的共五人,即黄楠森、王宪钧、洪谦、朱光潜和我。当年,我招收陈来、刘笑敢二人,1983 年招收王中江、庞万里二人为博士研究生。以后,中国哲学史专业博士研究生改由较年轻的导师招生指导了。

1983 年,由哲学系王守常、魏常海等同志帮助,我参加了中国共产党。多年以来,在哲学上,我一贯信持辩证唯物论;在政治上,我一贯拥护社会主义,坚信只有社会主义才能救中国,没有共产党就没有新中国。参加中国共产党是我必然的归向。1983 年时的中国政治形势很光明,那一年有许多像我一样的老年知识分子加入共产党。在这之前,我还经由友人熊伟教授介绍,参加了民主同盟。但年老力衰,很少参加民盟的活动。

1985 年,在北京大学成立了中国文化书院,我也参加了一些工作,梁漱溟先生则任书院导师兼院务委员会主席。从前我曾在冯友兰先生家偶遇梁先生,但我和梁先生没有详谈过。从这以后,我才有机会听到梁先生的深刻谈话。在一次座谈会上,梁先生谈到:儒学不是宗教。儒家一不谈鬼神,二不谈生死,所以不是宗教。这可谓至理名言,我很有同感。另一次,梁先生谈中西文化的不同,他说:西方文化可以用两句话概括,就是个人本位、自我中心;中国则以人伦为重,人伦的两方面都以对方为重,如父慈子孝,父对子要慈,子对父要孝。梁先生一生关心文化问题,老而弥笃,这是值得钦佩的。我一生忝列现代中国哲学界,有幸亲与熊、梁、冯、金诸位大师交往受教,这是很可纪念的。

80年代,我发表了一系列学术论文,出版了几本论文集和专著。列举如下:1981年我将50年代和70年代后期所写关于中国哲学史的文章编为一集,题为"中国哲学发微",由山西人民出版社出版。1982年,中国社会科学出版社建议出版我30年代所著、1958年商务印书馆初版的《中国哲学大纲》修订本,是为再版本。1984年,我将30年代的一些论文与《宋元明清哲学史提纲》编为一集,名为"求真集",由湖南人民出版社出版。又将80年代初所写论文编为《玄儒评林》,亦由湖南人民出版社出版。(这两书是由友人邓潭洲同志审校付印的。邓潭洲同志是在会议上相识的,他赞同我的学术观点,每来信都自称"私淑弟子",我很感动,他不幸已于数年前因病早逝了。)1987年,我将1984年至1986年所写关于哲学史与文化问题的文章40篇编为《文化与哲学》论集,由教育科学出版社出版。

1986年我撰写了专著《中国伦理思想研究》,由上海人民出版社出版。次年又撰写了专著《中国古典哲学概念范畴要论》,由中国社会科学出版社出版。

从1977年重新开始学术研究,至1989年我80岁,我所写论著,篇目繁多,有些观点、材料,于文中互见,故此不必按照篇目一一分别缕述,而谨将我这些论著的主要内容略做陈述。

1994年在张岱年85岁寿辰及学术思想讨论会上,张岱年和季羡林(右三)等人在一起。

这些论著，主要包括三个方面：一是关于中国哲学史的，二是关于中国伦理思想和价值学说的，三是关于文化问题的。

关于中国哲学史

我着重研讨了孔子、孟子、老子、庄子、《易传》、宋明理学和中国古典哲学概念范畴的体系问题。

（一）关于孔子

1978年学术界从疯狂"批孔"的噩梦中清醒过来，逐渐开始了关于孔子的正常讨论。早在1946年5月，为纪念孔子诞生2500周年，我已写有《孔学评议》一篇，最后总结说："今日治学，最应有客观的态度与批评的精神。现在崇拜孔子者仍所在多有，而高呼'打倒孔子'者亦不乏其人。实则'尊孔'早已过腐，而简单地否定亦已不足。对于曾经对中国文化有深远影响的孔子，实应根据历史的事实做比较正确的分析。"1983年在曲阜召开的孔子讨论会上，我发言说："'尊孔'的时代已经过去了，盲目'反孔'的时代也已经过去或者说也应该过去了。现在已经到了科学地讨论孔子思想的时代。"这番话表达了我一贯的观点。

我感到，过去封建统治阶级借"尊孔"来维护其封建统治，"以孔子之是非为是非"，而在前些年，"四人帮"又借"反孔"来推行他们的封建法西斯主义。时至今日，历史在发展，时代在前进，现在已经达到这样一个时代："尊孔"固不足以骗取人心，"反孔"亦不足以伪装革命。因而有可能对于孔子进行科学的实事求是的讨论了。我认为，我们现在哲学史工作者的任务之一，就是全面地客观地评价孔子。

为此，1980 年我写了一篇《孔子哲学解析》，对于孔子的思想进行了辩证的分析，举出孔子思想的十个特点，自认为比较近乎孔子的真貌。这十点是：

第一，述古而非复古；

第二，尊君而不主独裁；

第三，信天而怀疑鬼神；

第四，言命而超脱生死；

第五，标仁智以统礼乐；

第六，道中庸而疾必固；

第七，悬生知而重闻见；

第八，宣正名以不苟言；

第九，重德教而卑农稼；

第十，综旧典而开新风。

我认为孔子绝非复古主义者，虽然赞扬周道，但也主张对于周道有所损益。孔子认为如果人君欣赏"言莫予违"，就有丧邦的危险，足见他是反对君主独裁的。孔子的中心观念是"仁"，《吕氏春秋》说"孔子贵仁"是正确的。孔子兼重"仁"与"智"，这是儒家的特点。孔子学说也有缺陷，就是轻视生产劳动，这对中国传统文化带来消极影响。孔子整理了《诗》、《书》、《春秋》等文化典籍，开创了大规模的私人讲学和士人参政的新风，在文化学术发展史上的贡献是巨大的。

后来，我又发表了关于孔子的文章多篇，阐释了孔子对中国文化的卓越贡献，同时更批判汉代"罢黜百家、独尊儒术"的经学传统的缺欠，指出"五四"时期批孔，其实主要是批判"三纲"，批判"礼教"。"三纲"并不是孔子的思想,而是汉朝人的思想;"礼教"是宋朝人的思想。所以,应该实事求是,分清批判对象,而先秦儒家孔孟的思想还是深刻的,其中绝大部分是精华而非糟粕。近些年来,"尊孔"论者和"反孔"论者仍然都有人在,但大多数学者对于孔子能采取客观的态度了。

1985年翁荣溥、张剑尘等同志来访,计划建立孔子研究所,要推我为所长,我表示支持。在孔子研究所成立大会上,我表达了一贯的观点,既不赞成"尊孔读经",也不赞成"盲目批孔",而应科学求实地研究孔子。嗣后,孔子研究所改名为中华孔学会,开展工作迄今已经十余年了。

(二) 关于孟子

近年我在许多篇章中宣扬了孟子深湛的思想,特别阐发了孟子的"良贵"学说,认为孟子所谓"良贵"即指人的内在价值,孟子肯定人都具有内在价值,从而提出"所欲有甚于生者,所恶有甚于死者",即认为人格尊严高于生命,为了保持人格尊严宁可牺牲生命。这一思想在中国传统文化中起了非常重要的作用。

(三) 关于老子

关于老子的年代,我重新肯定了孔老同时的传说,已如前述。对于老子哲学的本质,老子哲学是唯物论还是唯心论,我的观点有几次变化。在《中国哲学大纲》中,我认为老子的"道"就是最根本的规律,用流行的名词说即认为老子哲学是一种观念论或客观唯心论。50年代,在北大哲学系中哲史教研室的讨论中,我曾经认为老子的"道"即原始的浑沌,于是肯定老子哲学属于唯物论。我当时所写的《中国唯物主义思想简史》一书中，即肯定老子是一个唯物主义哲学家。

1979年我写《老子哲学辨微》，指出老子所谓"道"不是物质性的实体，也不是超时空的绝对精神，而可以说是"非物质性的绝对"。近来我又考虑这个问题，认为从思想的传承来看，老子的"自然"观念是汉代王充唯物主义学说的前导，老子的"有生于无"观点又是魏代王弼唯心主义学说的前导。应该承认，老子哲学既有唯物主义的方面，也有客观唯心主义的方面，不应简单化。

（四）关于庄子

50年代有许多论者认为庄子哲学是主观唯心主义，我不以为然，但是未能著文加以反驳。1982年，我写了《论庄子》一文，对于庄子的哲学思想进行了比较深切的分析，认为庄子所谓"道"是万物的最高根源，是世界的最高实体，可以说是一个观念性的绝对，从这个意义上说，庄子的哲学乃是一种客观唯心论。庄子的认识论从揭示人类认识的一些矛盾现象开始，以宣扬超越思维的直觉为归结。庄子没有否认天地万物的实在性，又充分肯定了"道"的客观性，所以不是主观唯心论。庄子提出了关于人类认识的一些深刻问题，而肯定了"闻道"、"睹道"的可能性，所以也不是不可知论。我的这一观点，在庄子研究领域较有新意。

（五）关于《易传》

《易传》著作的年代问题，学术界一向莫衷一是。我于1979年撰写《论〈易大传〉的著作年代与哲学思想》，对于《易传》年代做了较详的考证，认为《易传》是战国时代的著作，反对《易传》出于秦汉时期的说法。我更认为，惠施《历物》所谓"天与地卑"乃是《系辞》"天尊地卑"的反命题,《庄子·大宗师》中所谓"道有情有信……在太极之先而不为高"是对于《系辞》所谓"易有太极"的反驳,可证《系辞》中至少有些部分是战国前期的作品。我对《易传》中本体论学说与辩证思想做了较详细的阐发,肯定了《易传》在中国古代哲学史上的卓越价值。

(六) 关于宋明理学

1981年以来,我发表了几篇关于宋明理学的文章,如《论宋明理学的基本性质》《关于宋明时代的唯物主义及其与唯心主义的关系》等,主要是说明下述几个问题:

第一,宋明理学是与当时的生产关系相适应的,起了维护当时社会秩序的作用,当时还没有产生新的生产关系,所以不能说宋明理学是反动的;只有明代后期出现了资本主义生产关系的萌芽以后,理学才可以说逐渐转为反动的。

第二,理学家虽然受了道家、佛教的一些影响,但基本上是反对道释的,实际上他们是依据孔孟的基本观点回答了道家佛教所提出的问题,理学思想是对于孔孟学说的复归,是孔孟学说的进一步发展,所以不能说宋儒是"阳儒阴释",也不应讲"朱羽陆释"。

第三,理学家基本上不信鬼神、不讲上帝、不谈死后问题,所以不是宗教。儒、道、释在唐宋时代虽然并称"三教",所谓"教"是教化之义,不是现代所谓宗教。佛教、道教都是宗教,但是与道教关系密切的道家并非宗教。儒学更不是宗教。

第四,一般的见解认为宋明理学分为程朱、陆王两大派,我以为不然。在程朱、陆王两派之外还有以张横渠(载)、王浚川(廷相)、王船山(夫之)为代表的另一学派。程朱学派可称为客观唯心主义;陆王学派可称为主观唯心主义；张王学派则可称为唯物主义学派，以往讲明代哲学的都不讲王廷相的思想，事实上，照其理论贡献来讲，王廷相乃是明代最卓越的哲学家。多年以来，我阐发了王廷相在哲学史上的贡献。关于张载、王夫之的哲学思想，80年代我也有所论述，因在50年代已经出过专论，则此时已非我研究的重点了。

（七）关于中国哲学范畴及其体系

多年以来，我一直重视中国哲学固有范畴的分析研究，在学术界曾引起广泛的反响。1985年我发表了论文《论中国古代哲学的范畴体系》，1987年又撰写了专著《中国古典哲学概念范畴要论》，由中国社会科学出版社出版。我着重阐述了中国传统哲学中重要范畴的含义及其演变。范畴是一个翻译名词，是参照《尚书·洪范》所谓"洪范九畴"拟译的。在中国古代哲学中，称之为"名"或"字"。韩愈在《原道》篇中提出"虚位"与"定名"的区别，他指出："仁与义为定名，道与德为虚位。""定名"是有确定内涵的名称，"虚位"即空格子，不同学派可以填入不同的内容。所谓"定名"即今所谓"概念"，"虚位"就是今天所谓"范畴"，但也需注意，概念和范畴的区别也是相对的。中国古代哲学有自己的与西方哲学和印度哲学不同的概念、范畴，有些基本范畴如"理"、"气"、"道"、"神"、"太极"，难以译成外文，这正表现了中国哲学的特点。研究中国哲学必须对于中国哲学中的固有概念、范畴的含义有明确的理解。

关于中国的伦理思想与价值观

关于中国的伦理思想，我进行了比较深切的分析和评述。我在

《中国哲学大纲》中对于历代的人生理论叙述较详,旧著《品德论》也对道德理想提出了一些自己的见解。但是,对于题内所含的一些比较艰深的理论问题,尚嫌分析不够充分。为此,1985年我撰写了《中国伦理思想研究》一书,对于有关伦理道德的问题做了进一步的探索,提出了一些个人的较新观点。我在伦理思想上的新见解主要在三个方面,关于价值观念我也初步涉及了两个问题,今略述之:

(一)关于道德的阶级性与继承性

我提出"道德的普遍性形式与特殊性内容"。我认为,道德观念和道德规范有一个显著的特点,即一方面具有普遍性形式,一方面又具有特殊性的内容。道德准则的一般方式是:对于一切人都应如何如何,而在实际上只是对于一定范围的人如何如何。孔子宣扬"仁者爱人",主张泛爱众,即爱一切人,实际上仅只爱一定范围的人。墨子宣扬"兼爱",主张爱无差等,实际上也不可能爱一切人。这是道德规范的通例。从古以来,道德原则都是具有普遍性形式的。不同阶级的道德经常是具有共同的形式,而各自蕴涵特定的内容。

(二)关于人性论

我研讨了人性与阶级性的关系问题。我认为,世界上任何物类都有其共性,人类也有其共同的本性。孟子说:"然则犬之性犹牛之性,牛之性犹人之性与?"犬有犬之性,牛有牛之性,如何能说人没有人之性呢?从实际情况来讲,阶级是人类历史上一定阶段才出现的,在阶级出现以前,人类已经历了长期的发展过程。能说在漫长的原始社会时代,人类就没有人性吗?无论从理论或实际来讲,人类有共性是必须承认的。

张岱年与著名学者陈鼓应在一起研究问题。

我提出"人性是具体的共相"。人性是一个共相,也就是一种普遍性。凡共相或者普遍性都是一个抽象,但是科学的抽象不仅是抽象,而且含有具体的内容。这个,黑格尔称之为"具体的共相"或"具体的普遍性"。这个概念正符合于人性的实际。以往哲学家大多把人性看做一个抽象的共相,因而提出了许多片面的见解,实际上人性乃是一个具体的共相。具体的共相包含许多规定,是许多规定的综合。人性概念之中,包含人类共性、不同民族的民族性、不同时代不同阶级的阶级性。要而言之,包含人类的共性以及各种类型的特殊性。这是我的管见。按普遍、特殊、个别三个层次,《墨经》论"名"区分为"达"、"类"、"私"三级,正与普遍、特殊、个别相应。具体的共相涵括普遍与特殊两个层次,并不涵括个别。因个别不属于共相,作为具体共相的人性,不包含每一个人的个性。

(三)关于"三纲"、"五常"

我对于所谓"纲常"问题进行了分析。在中国封建制时代,统治阶级的最高道德原则是"三纲"、"五常"。"三纲"即"君为臣纲,父为子纲,夫为妻纲";"五常"即仁、义、礼、智、信。五四新文化运动,批判了旧道德,其主要批判对象即是"三纲",清除尊君思想、反对家长制、提倡男女平等。这确实具有伟大的革命意义。"五常"的问题则比较复杂。清末进步思想家谭嗣同猛烈抨击"三纲",但是他的著作以"仁学"为题,仍以"仁"为最高理想。仁、义、礼、智、信等原则,固然都有其阶级性,但还不能认为都是反动的。"文化大革命"以来,直至近年,有些人指斥"封建纲常",这种无分析的态度,实不足取。

"五常"之中最单纯的是"信","信"即诚实,即说话符合事实,这是人与人之间相互对待的基本道德,是必须肯定的。"五四"以来,有些论者写文章批判"诚",其实人与人之间以诚相待,是社会生活正常运行的必要条件。仁、义、礼都是有阶级性的,不过我认为,"仁爱"学说也可说就是古代的人道主义,这种人道主义有其时代的和阶级性的局限性,但"仁爱"学说反对暴虐的苛政,无疑具有一定的积极作用。儒家所谓"义"含有尊重人们的社会地位、尊重人们的所有权的意蕴,但也含有尊重人们的独立人格的意义。孔子讲"杀身成仁",孟子讲"舍生取义",只有在两种情况之下才必须如此,一是为了救国救民,一是为了保卫自己的人格尊严。为了挽救民族的危机或为了拯救别人的生命而敢于自我牺牲,或者为了保持自己的独立人格而宁死不辱,这些都是高尚的道德行为,这是必须肯定的。关于"礼",古代的繁文缛节是必须反对的,但人间交际的礼节还是不可缺少的。"智"是道德觉悟,古代所讲的道德觉悟也有其阶级性,时至今日,应该有更高的道德觉悟。

(四)关于价值观

关于中国传统哲学中的价值观的研究,我于80年代初率先提倡。1982年,我撰写了《简评中国哲学史上关于人的价值的学说》,1985年又发表了《中国古典哲学的价值观》,这两篇论文都收入我的《文化与哲学》论集。1989年我又撰写了《中国哲学中的价值学说》一文。

价值观的名称是近代才有的,而关于价值的思想,则不论中国或西方,都是古已有之。有的学者认为,价值观念是近代资产阶级学者提出来的,其实不然。"价值"固然是后起的名词,但在古代,与现在所谓价值意义相当的是"贵"。"贵"字的本义指爵位崇高,后来引申而指性质优越的事物。行为的价值称为善;艺术的价值称为美;认识的价值在道家称之为真,在儒家称之为诚。

我考察了自先秦时代以来中国价值学说的历史,分析了儒、道、墨、法诸家的价值观彼此不同。儒家主张"义以为上"、"仁者安仁",认为道德是至上的,肯定道德具有内在价值。墨家以"国家百姓人民之利"为最高价值,断言"义,利也",所谓"义"即公利,以公利为价值的标准。道家则宣称"物无贵贱",认为一般所谓价值都是相对的,只有绝对的"道"才具有超越一切的价值。法家则认为儒、墨所谓的道德都是无用的,只有"力"才具有价值。儒家的价值论可称为内在价值论,墨家的价值论可称为功用价值论,道家的价值论可称为超越价值论,法家的价值论可称为唯力价值论。儒家与墨家之间展开了"义"与"利"的争论,儒家与法家之间展开了"德"与"力"的争论。后汉王充兼重"德"与"力",提出"德力具足"的价值观,但没有产生较大的影响。

(五)关于人的价值

价值观的一个重要问题是人的价值的问题。对于这个问题,儒家讲得较多。《孝经》记述孔子的言论说:"天地之性人之贵。"这句话未必是孔子原话,但是表现了儒家的一贯观点,肯定了人具有高于一般生物的价值。孟子提出了"良贵"观念,认为"人人有贵于己者",谓之"良贵","良贵"即人人固有的内在价值,其内容即是道德意识。孟子强调要把人当人看待,不应把人当犬马看待。他说:"食而弗爱,豕交之也;爱而不敬,兽畜之也。"人对于人,应该相互尊重。扬雄批评法家说:"申韩之术,不仁之至矣,若何牛马之用人也!"儒家肯定了人的价值,肯定了人的人格尊严,这是中国古典哲学优秀传统的一项内容。

1988年,我又写了《中国古典哲学中的人格观念》、《中国传统哲学中的人的观念》,都是对于中国哲学中有关人的价值的学说的阐释。对于中国哲学中价值观的探讨,是当代现实社会的现象和问题对哲学工作者提出的课题。1988年前后,社会上忽然出现了一种怪论,说什么中国传统思想中根本没有真正的人的观念,没有人格的观念,没有人的自觉。意谓中国人民根本不是真正的人。这种论调反映了一部分人的殖民地意识,恨不得当殖民地的奴才,甚至有人说中国最好当300年的殖民地。这种荒谬的论调引起了我的极大愤慨,所以写了几篇阐明中国哲学中人的观念的文章。对于中国哲学中价值观的研究,开拓了中国哲学史研究的新视野,是中国哲学史研究的新扩展。但我不过是开了一个端绪而已。

关于文化问题

1984年冬季以来,我参加过多次文化研讨会,讲论有关文化的问题并发表论文多篇,比较重要的有:《中国文化与中国哲学》、《中国文化的回顾与前瞻》、《中国传统文化的分析》、《中国文化的历史传统及其更新》、《文化传统与民族精神》等,这些篇章都收在《文化与哲学》论集中,兹略述其主要内容,可析为中西文化之异同、中国文化发展的基本规律、文化系统的分析与选择、文化传统与民族精神、文化的综合创新等五个要点:

(一) 关于中西文化之异同

五四新文化运动以来,很多学者认为西方文化是主"动"的,中国文化是主"静"的;西方文化是物质文明,中国文化是精神文明。我以为不然。中国固然有主"静"的哲学家,如老子、庄子、王弼、周敦颐等,但是也有主"动"的哲学家,如墨子及王夫之、颜元等。而大多数思想家是主张"动静合一"的,《易传》说:"动静不失其时,其道光明。"这是儒家的基本主张。程颐《周易程氏传》论"复"卦云:"一阳复于下,乃天地生物之心也。先儒皆以静为见天地之心,盖不知动之端乃天地之心也。非知道者孰能识之?"这是对于王弼主"静"论的反驳。

理学家多数是兼重"动"、"静"的,不能说中国文化是主"静"的文化。中国固然重视精神文明,但在科学技术方面亦曾有很多重要贡献,中国的"四大发明"曾对西方近代文明的发展起过推动作用,能说中国没有物质文明吗?而西方的哲学、科学都有高度发展,其精神文明也不亚于中国。中西文化的主要差异在于:中国传统文化比较重视人与自然、人与人之间的和谐与统一,西方近代文化则比较重视人与自然、人与人之间的分别和对抗。中国传统文化既有时代性,又有民族性,认为中西文化的路向不同,或只有社会发展阶段上的差别,都是不正确的。

(二) 关于中国文化发展的基本规律

我认为在中国文化演变过程中,哪个时代思想比较自由,那个时代文化就比较发展。文化的发展与思想自由有必然的联系。春秋战国时期,知识分子(士人)受到尊重,思想自由活泼,各派观点相互交锋,出现了"百家争鸣"的盛况。北宋时期,政权对于学术的控制比较宽松，因而文化学术也有较大的发展。其次，在文化演变过程中，既需要吸收外来文化，又需要保持自己本身的独立性，这样文化才能有健康的发展。

（三）关于文化系统的分析与选择

我提出了如何分析文化系统之要素的问题，每一民族的文化形成一个文化系统，任何文化系统都包含若干要素，可称为文化要素。"要素"是近代的名词，如用中国的旧名词来说，可以称为节目或条目。一个文化体系所包含的文化要素，有些是彼此密切结合，不能相互脱离的，有些则是彼此抵牾，相互矛盾的。一个文化体系所包含的文化要素，有些是不能脱离原系统而存在的，有些则是可以经过改造而容纳到别的文化体系之中。同一文化系统或不同的文化系统所包含的文化要素之间有可析离与不可析离及相互兼容与不相兼容的关系。有一些文化要素，各属于不同时代、不同地域，不能脱离原来的体系，不可能勉强拼凑在一起。清末有"中学为体，西学为用"之说，企图将"三纲"、"五常"的旧伦理与近代科学技术结合起来。事实上君主专制制度与近代科学的发展是不相容的。近代西方科学的发展有其经济政治以及哲学的基础。近代科学的发展与学术自由是不可析离的，科学的发展与发明只能产生于学术自由的环境中。西方近代科学与西方的宗教、风俗等共同构成一个文化系统，但是科学是在与宗教的斗争中发展起来的，科学与西方的一些社会风俗也没有不可分离的关系。西方社会的宗教信仰自由观念及一些良风美俗，固然值得学习，但我们没有必要把近代西方的宗教、风俗都移植到中国来，照搬全抄。我们必须慎重考察古今中外不同的文化系统所包含的文化要素之间的相互兼容与不相兼容以及可析离与不可析离的关系。

（四）关于民族精神

我早在30年代中期，即已提出民族精神的问题。在我之前，是否有人采用民族精神这一提法，我未考证，我是根据个人的体会提出这一观念的。我认为世界上各个伟大的民族，都有其作为民族文化之主导思想的民族精神，德国人以德意志精神为荣，法国人以法兰西精神为尚，英国人为盎格鲁撒克逊精神自豪，就连立国历史短暂的美国人，也对美利坚的民主自由精神感到无比骄傲。而我们中华民族屹立于世界东方，延续发展，历数千年而不衰，岂是偶然，也必然具有我们民族足以自立的思想基础。

在一个民族的精神发展历史中，总有一些思想观念，受到大多数人民的尊崇，成为生活行动的最高的指导原则。这种最高的指导原则是一个民族文化的主导思想，可简称为民族精神。也就是说，民族精神必须具备两个条件：一是有比较广泛深远的影响；二是能激励人心，也起到促进社会发展的作用。故此我认为，中国的民族精神基本上凝结于《周易大传》的两句名言之中，这就是："天行健，君子以自强不息。""地势坤，君子以厚德载物。"在汉代以来的两千多年中，《易传》被认为是孔子的著作，因而具有最高的权威，所以这些名言影响广远。

"自强不息"就是永远努力向上、绝不停止，这句话表现了中华民族奋斗拼搏的精神。在政治生活方面，对外来侵略决不屈服，对不良势力决不妥协；在个人生活方面强调人格独立，志不可夺。"厚德载物"就是要有博大的胸怀,兼容并包。在中国,儒、道、释三家彼此相容,这种现象只有中国才有。西方历史有宗教战争,中国则无,这无疑是中国文化的一大特点。"自强不息"是奋斗精神,"厚德载物"是兼容精神。这是中国文化的基本精神,可以称为"中华精神"。这是指导中国人民延续发展、不断前进的精粹思想。历史是复杂的,在君主专制时代,也发生了许多违背"自强不息"、"厚德载物"的种种往事,但是这些依然掩盖不住每一时代的志士仁人奋斗不息、宽厚大度精神的光辉。我认为,我们必须对于自己的民族精神有比较明确的认识。

(五) 关于文化的综合创新

我自30年代,就反对"中体西用论"的国粹主义,更反对胡适的"全盘西化论",提出了"文化综合创造论"。如今是改革开放的年代,社会上又出现"全盘西化论"的陈词滥调。我感到,建设有中国特色社会主义的理论完全合乎时代的需要,是中国现代化的必由之路。社会主义文化必然是一个新的创造,同时又是多项有价值的文化成果的新的综合。我多次引用列宁的一段名言:"应当明确地认识到,只有确切地了解人类全部发展过程所创造的文化,只有对这种文化加以改造,才能建设无产阶级的文化……无产阶级文化应当是人类在资本主义社会、地主社会和官僚社会压迫下创造出来的全部知识合乎规律的发展。"(《青年团的任务》,《列宁选集》第4卷第348页,人民出版社1972年版)列宁的这段话,是我们建设社会主义新文化的指导方针。对于中国地主社会、官僚社会压迫下创造出来的学术思想,对于西方近代资产阶级的文化成就,都应认真研究。中国传统文化中有些不可磨灭的贡献，必须选择肯定下来；而西方的文化成就，更需虚心学习，迎头赶上。

时至今日，认识传统学术的缺欠并不难，而理解传统学术的精义深蕴却非易事。我认为，一切符合客观实际的正确思想，一切适合社会发展需要的文化成就，必然都是相容不悖的。恩格斯在《路德维希·费尔巴哈和德国古典哲学的终结》的结束语中说："德国工人运动是德国古典哲学的继承者。"(《马克思恩格斯选集》第4卷第254页，人民出版社1972年版)意谓德国工人运动应该继承包括康德、黑格尔在内的德国古典哲学，我们中国人，当然也应该学习德国古典哲学。但是否这就足够了呢？我认为，我们作为中国人，更应该是中国古典的优秀传统的继承者。

以上大致回顾了我在改革开放新时期的十余年，亦即我在80岁以前一个阶段的学术文化思想。进入90年代，我已是耄耋之年，但我仍然研思不辍，这些下面再谈。

望九之年：
无厌无倦，壮心不已

90年代到来时，我已年过八十，是望九之年了。这段时间，我时常思考自己几十年的治学生涯，也应约写了一些回顾总结性的文字。

1991年，我应《高校理论战线》之邀，写了一篇《我为什么信持辩证唯物主义》。我自30年代之初即赞扬唯物论，推崇辩证法，迄今六十多年，对于唯物论的坚持，老而弥笃。可以说，这篇文章表述了我对于马克思主义唯物论的态度。早在30年代之初，我二十几岁，开始研读马克思主义的哲学著作，如《费尔巴哈论》、《反杜林论》、《唯物论与经验批判论》(译名从当时旧译)等，当时这些著作的中译本虽然译笔欠佳，但还能窥见大旨。又读了李达翻译的《辩证唯物论教程》，深喜其中引述的列宁《哲学笔记》的条文。当时我广泛阅读了古今中西的哲学著作，将马克思主义的辩证唯物论与现代西方的实用主义、新实在论、生命哲学、尼采哲学、新黑格尔主义等做了比较，在比较之后，我肯定辩证唯物论是现代最伟大的哲学。

我之所以服膺辩证唯物论（当时认为唯物史观是辩证唯物论的一个部分），是因为我认为在许多哲学理论问题上，辩证唯物论都做出了正确的解答。在宇宙观方面，辩证唯物论正确解决了物质与精神的关系问题。唯心论认为精神是世界的本原，实无确证；绝对精神之类实属虚构。主观唯心论否认外界实在，更属谬误。机械唯物论将精神归结于物质，亦未免失当。唯有辩证唯物论既肯定"世界的统一性在于物质性"，又承认精神对于物质的反作用，这是最符合实际的学说。在认识论方面，辩证唯物论解决了经验与理性的关系问题。经验论肯定认识来自经验，唯理论以为真理出于理性，康德试图综合两者而走入先验论与不可知论，表面上是两者的综合，实际上并未解决问题。唯有辩证唯物论关于感性认识与理性认识的关系以及理论与实践的关系的学说，才正确解决了知识论的问题。因此，我肯定辩证唯物论是当代最伟大的哲学。抗日战争胜利后，我购得恩格斯、列宁著作的英译本，重加研读，有进一步的理解。50年代末至60年代初，编译局出版了《神圣家族》、《德意志意识形态》以及列宁《哲学笔记》的中译本，我读后越发感到马克思主义哲学的博大精深、正确切实。

80年代初，社会上出现了所谓信仰危机，这主要是西方思潮的影响所引起的。有些青年人对于马克思主义理论缺乏真正理解,对于中国近百年来艰苦的斗争过程更缺乏明确认识,因而思想发生了动摇。在这种情况下,我感到更有坚持原则的必要。我认为,几十年来,社会主义国家确实出现了一些失误,但是这些失误的根源不在于马克思主义的基本原理。例如,失误之一是个人崇拜。事实上,个人崇拜是唯心史观的一种表现,正是违反了唯物史观的基本原理。

近些年来,主体性和实践成为热烈讨论的问题,这本来是学术发展的正常情况。但是,有人过分夸大了主体性,忽视了主体是不能脱离客体而存在的。有人更把实践说成是超越唯心唯物对立的本体,事实上实践是人类的实践,不可能成为自然世界的本体。我认为,只有在唯物主义的基础上肯定主体性,强调实践的意义,才是正确的。对于主体性,对于实践,应充分展开研究,但不能脱离唯物主义的基础。

马克思主义有三个组成部分,一是辩证唯物主义哲学,二是政治经济学说,三是科学的社会主义理论。我对于经济学没有研究,但认为马克思对于经济学的辉煌贡献是必须肯定的。在哲学方面,我对于哲学唯物主义之为真理深信不疑。我对于自然科学的新发展了解不深,但是认为天文学所观测的"宇宙"、物理学上所探索的"基本粒子"总是客观存在的,因而认为唯物主义关于"自然界在人类出现以前已经存在"的基本观点是确实无疑的。80年代中期,很多人高喊所谓"主体性"、所谓"实践本体"等等,如果脱离了唯物主义的前提来讲主体性或实践,事实上是改头换面地宣扬唯心主义,我认为是谬误的。

张岱年相信社会主义的优越性,他通过对一百多年中国近代史的考察,还是认为"只有社会主义才能救中国"。

80年代中期,由于西方思潮的影响,有人宣扬"社会主义失败"论。我深以为非。通过对于一百多年中国近代史的考察,我还是相信"只有社会主义才能救中国"。我仍然相信社会主义的优越性。社会主义的基本原则是废除阶级、取消阶级压迫,这是人类几千年来的崇高理想。如何能说体现阶级压迫的资本主义比废除阶级压迫的社会主义更优越呢?几十年来,号称社会主义的国家确实有许多严重的失误,但都是由于具体措施的不当,而非原则上违理。

在中国,有一个马克思主义与中国固有的优秀文化传统相结合的问题。马克思主义必须与中国的优秀传统相结合,才能在中国土地上生根,生根然后才能真正开花结果;中国的文化传统也必须与马克思主义的普遍真理密切结合,才能提升到更高的水平。中国古典哲学中有许多思想观念与马克思主义有相通互近之处。中国哲学中有一个唯物主义的传统,又富于辩证思维,这与马克思主义的辩证唯物论有相互契合之处,这是应该深入理解的。中国哲学中也有一些思想与马克思主义有所不同,都可以相成相济,相得益彰。如古代儒家肯定人的价值的思想、道家超脱庸俗意识的思想,如孟子所谓"天时不如地利,地利不如人和","得道多助、失道寡助",以及"富贵不能淫、贫贱不能移、威武不能屈"的崇高人格理想,在今天仍是值得肯定、值得弘扬的。在今天的中国,马克思主义的普遍真理与中国的优秀传统中的基本真理必将融为一体,共同构成社会主义中国新文化的理论基础。这是我的信念。在勇同志曾建议我用"一以贯之"为题,概括我的学术思想,我感到这个说法至少在我一生信持辩证唯物主义这一点上,是大致准确的。

50年代,北京大学哲学系分设备教研室,工作人员专业化了。如果研究本学科以外的问题,就有越俎代庖之嫌。所以,50年代以后,我所主要考虑的是如何在中国哲学史研究中贯彻马克思主义基本原则的问题。马克思主义的辩证法和唯物史观确实为哲学史研究提供了显微镜和解剖刀,但对于具体问题应进行具体分析,不能以抽象的普遍性的原则来限定具体的特殊性的事实。这正是唯物主义的起码要求。

我从青年时代最先提出"气学"("事学")作为与"理学"、"心学"相对的一脉,始终注重阐扬中国传统哲学中的唯物论思想。进入90年代,我和几位中年学者一道进行《中国唯物论史》的研究。我在《中国唯物论史导论》中认为,中国古代的唯物论思想传统,前后延续发展了两千多年。在中国古典哲学中,有一些学派比较重视客观实际,肯定自然界即最根本的。这些学派的学说,用现在的名词来说,可以称为"唯物论"。

中国古代哲学唯物论,与西方古代哲学唯物论相比,有什么特点呢?一是中国唯物论的主要形式是"气化论","气化论"的主要观念是"气"。"气"的观念与西方唯物论的主要观念"原子"有很大的不同。"原子"是一个一个互相分别的,具有分离性,而"气"具有连续性,"气"与近代物理学所谓"场"有近似之处。从哲学的"气"概念来说,"气"指一切有广袤、能运动的存在。我们研究唯物论,应注意哲学的"气"概念与常识的"气"概念的区别。二是西方古代唯物论具有机械论的性质,而中国古代唯物论学说大多没有机械论性质,而有些重要的唯物论哲学家富有辩证思维,如张载、王夫之对事物之间的联系,对于变化日新,对于对立统一,都有深切的阐发,表现了唯物论与辩证法的结合。以上两点,是我晚年对于自己以往研究中国唯物论思想传统的一个概括总结。

进入90年代,我虽是耄耋老人了,但求知的渴望并未衰减。我从前对《管子》没有做深入的研究,后来在《中国哲学大纲》的修订序言里也提到了自己这一欠缺。因此,我在90年代专门写了几篇关于《管子》书的论文。在《〈管子〉学说的理论价值》一文中,我认为《管子》书中有12个范畴,即:天、道、德、气、精、神、虚、理、则、心、知、仁义。多年以来,有很多学者认为《管子》书有法家言,有道家言,有儒家言,有阴阳家言,并无中心思想,不成系统。这种观点有一定理由,但只是肤浅之见。《管子》各篇,确有相互违异之处,但是也有一些重要观点贯穿全书。这贯穿全书的中心观念就是兼重"德礼"与"法治",把"法治"与"德礼"统一起来。

在先秦诸子争鸣的时代,各家都提出自己的哲学观点和政治学说。儒家孔、孟宣扬"道之以德,齐之以礼"的"德治"。法家商鞅、韩非强调"法治"而否认道德文教的作用。这两者都表现了一定的片面性。齐国稷下学者所撰写的《管子》与孔孟、商韩不同,提出了兼重"德礼"与"法治"的全面观点。《管子》学说可以说达到了先秦政治思想的最高水平。同时《管子》提出了明确的唯物主义观点,是荀子《天论》的前导。《管子》还阐发了相反相成、物极则反的辩证观念。《管子》主要思想具有很高的理论价值。

进入90年代,我发表了一系列的文章,主要讨论了四类理论问题:(一)关于价值观与新道德建设的问题,(二)关于中国传统哲学的基本问题与基本派别,(三)关于中国文化与中国哲学的优秀传统的分析,(四)关于中国文化与中国哲学的发展前景。这些文章表现了我 90 年代的思考,这里略述其主要内容。

关于价值观与新道德建设的问题

1990 年我发表《论价值的层次》,提出价值有不同的层次。近几年来,在国内关于价值的讨论中有一个多数论者同意的观点,即从需要的满足来界定价值,认为所谓价值即客体对于主体的需要的满足。但是,对于需要也有一个评价问题。对于需要的评价,就不可能以满足需要为标准了。有些需要是比较高级的,有些需要是比较低级的。如何评价需要的高低呢?有整体的需要,有个体的需要。整体的需要即是社会的需要、国家的需要、民族的需要。整体的需要是由个体的需要汇聚而成的,整体的需要大于个体的需要,也就是说,社会整体的需要、国家民族的需要高于个人生活的需要。从另一观点,可以说有物质的需要,有精神的需要。物质的需要是人与其他动物共同具有的,而精神的需要则是人所特有的,是人与禽兽不同的特点。从这个意义上,可以说精神需要高于物质的需要。总起来说,价值有三个层次:(一)价值是客体满足主体的需要,凡能满足主体的需要的,即有价值的。这是价值的第一层含义。(二)对于需要也有一个评价的问题。有的需要有较高的价值,有的需要有较低的价值。衡量需要的价值的高低,是价值的第二层含义。(三)既然对于需要有评价问题,对于具有需要的主体,也可以进行评价。主体本身的价值,是价值的第三层含义。中国古代哲学提出"天地之性人为贵";近代以来也流传一句名言："在世界上人是最宝贵的。"这所谓"贵",不是说人类能满足什么需要,而是说人类具有其他物类所未有的性质与能力。自古以来,有三项价值最受人们的重视,即真、善、美。真、善、美都包含对于一定需要的满足,而又不仅是对于需要的满足。真、善、美三者可以称为最高价值。

1992年我又发表《论价值与价值观》,明确区分了内在价值与功用价值,认为价值具有两重含义。价值的基本含义是能满足一定的需要,这是功用价值。价值的更深一层的含义是本身具有优异的特性,这是内在价值。大部分事物,对于人而言,具有功用价值。而人本身、生命本身,不但在一定条件下可以具有功用价值,而且具有内在价值。我认为,自古以来,世界上的各个文化区,都存在着关于价值观的论争。大致说来,古往今来的价值观有三大类,一是宗教的价值观,二是哲学的价值观,三是庸俗的价值观。宗教的价值观信仰"上帝",以"上帝"为价值的源泉;庸俗的价值观追求声色货利,崇拜金钱或权势;哲学的价值观则摆脱了宗教的价值观,超越了庸俗的价值观,而展开了关于价值的理论思考。哲学的价值观是围绕着义利、理欲和德力等问题而展开的。对于理欲、义利、德力的争论,应做进一步的理论分析。从价值观来看,这些争论包含两个重要的理论问题:一是个体与群体的关系,二是物质生活与精神生活的关系。社会是个人组成的,因而群体高于个体,但也不能忽视个体。物质生活是精神生活的基础,而精神生活又高于物质生活。新时代的价值观必然以对于个人与社会、物质生活与精神生活的关系的正确理解为基础。

1994年,张岱年发表了《论重新估定一切价值》一文,对于如何重新估定一切价值提出自己的意见。这一年,他还发表了《新时代的义利理欲问题》的论文,阐明了对"义利"与"理欲"的问题。

1994年我则发表了《论重新估定一切价值》一文,对于如何重新估定一切价值提出自己的意见。大意是:重新估定一切价值,是尼采提出的口号,在五四新文化运动时期受到许多中国学者的欢迎。近年我国实行改革开放,这也就有一个如何重新估计一切价值的问题。尼采称西方传统道德谦卑、恭顺、同情、怜悯等为奴隶道德而加以反对。在中国,受尼采的影响,儒家所宣扬的道德也被指斥为奴隶道德而受到严厉的谴责。于是否定了所谓"三纲",这是一项巨大的进步。很多人以"五常"与"三纲"并提,斥为"封建纲常",这就值得讨论了。这里有一个如何看待人与人的关系,如何才可称为强者以及强者应如何对待弱者的问题。中国自古以来有一个提倡扶危济困的传统,能扶人之危,济人之困,才可称为英雄豪杰。如果逞强欺弱,那是要受到鄙视的。尼采反对奴隶道德,有一定的道理;但是把谦让、同情都看做奴隶道德,那就错误了。尼采提倡所谓"超人",希望出现高于人类的"超人",这是一种鄙视人类的思想,表现了一种狂妄的态度。重新估定一切价值,不是对于几千年来价值观思想的简单否定,而是要对已往的价值观思想去粗取精、去伪存真,以期达到一个比较正确的理解。

同年,我发表了一篇《新时代的义利理欲问题》的论文。关于"义利"与"理欲"问题的讨论已经延续了两千多年,在今天,义利关系与理欲关系仍然是现实生活中起作用的重要问题。义利问题与理欲问题都蕴涵更基本的理论问题。义利问题所蕴涵的问题有二:一是公利与私利的问题,二是物质生活和精神生活的问题。理欲问题所蕴涵的问题亦有二:一是生命与欲望的关系问题,二是生命与品德的关系问题。这公利与私利、物质生活与精神生活、生命与欲望、生命与道德四项基本关系,在今天的新时代也还是存在的。这四项基本关系都是对立统一的。公利大于私利,但是公利包含私利,不能否认正当的个人利益。精神生活高于物质生活,但是物质生活还是精神生活的基础。生命重于欲望,但是生命有待于欲望的适当满足。道德高于生命,但是生命还是道德的本原,如果世界上无所谓生命,也就无所谓道义。因此,义与利必须并重。正确的原则应该是"遵义兴利",遵照一定的原则,谋求国家人民之利与个人的正当利益。理与欲也必须兼顾。理欲关系的原则应是"循理节欲"。在经济发展的新时代,重新辨明义与利、理与欲的关系,是具有重要意义的。

　　五四新文化运动曾提出批判旧道德、建立新道德的历史任务。由于道德问题比较复杂,建立新道德的任务迄今尚未完成。我们今天建设有中国特色的社会主义,更需要创建有中国特色的社会主义的新道德。1992年,我发表了一篇《试论新时代的道德规范建设》,提出了关于新时代道德规范的初步设想。我认为:中国专制时代占统治地位的道德是地主阶级的道德,地主阶级的道德是维护等级差别的;近代资产阶级的道德否定了等级差别,但是承认阶级剥削,是维护阶级剥削的道德。社会主义新时代的道德既否定等级差别,也要求废除阶级剥削,乃是更高一级的最进步的道德。社会主义新时代的道德也应有一系列的道德规范。新时代的道德,最重要的一条是爱国主义,用"公忠"二字表示爱国主义思想行动是比较合适的。"忠"的本义是对于别人要尽心负责,汉代以后成为臣对于君的道德。辛亥革命推翻了专制君权,是伟大的进步,"忠君"之义久已废除了,但是忠于祖国,忠于民族,忠于人民,还是绝对必要的。为了区别忠于个人的"忠",可以称为"公忠"。新时代道德另一最重要的条目是团结互助,为人民服务,以助人为乐,以至于忘己济人、舍己救人。这也是新时代最重要的道德。在传统道德中,与此最接近的是"仁爱",对于传统的所谓"仁爱"加以新的解释,可以作为新时代道德的名称。"信"是任何时代、任何社会所必须遵守的道德,亦可称为"诚信"。廉耻是人民群众所最重视的道德。对于传统道德中"礼"的观念加以改造,以"谦让"为要,可称为"礼让"。"孝"的道德加以适当的改造,仍应保持下来,要取消绝对服从的意义,发扬爱敬父母的意义。父慈子孝,仍属必需。勤俭、勇敢、刚直也都是时代所需要的美德。新时代的道德,一方面肯定个人的人格独立,肯定个人的人格尊严;另一方面要求个人具有诚挚的社会责任心。人格独立与社会责任的统一是新时代道德的基本精神。

1994年我又发表了一篇《建设新道德与弘扬传统美德》,认为建立适合于社会主义市场经济体制的新道德,乃是当务之急。新道德建设包含对于传统道德的批判继承和新的道德规范的确立。提出应确立新"三纲",今天必须肯定三个基本原则:(一)爱国主义,(二)为人民服务的集体主义,(三)社会主义的人道主义,应该是今日必须确立的新"三纲"。新"三纲"确立之后,应该确定新的道德规范,其中包括传统德目的改造与传统美德的弘扬。传统道德中首要的是"仁","仁"的含义是爱人,但又承认等级差别。在今天看来,爱人是应该肯定的,等级意识必须加以否定。与"仁"的意义相近的是"慈",《老子》反对"仁"而赞扬"慈","慈"可作为基本德目之一。忠于祖国、忠于人民、忠于民族之"忠"更必须肯定下来。爱敬父母之"孝"是起码的道德。信、廉、勇、勤、俭都是自古以来广大人民所赞扬的道德。人际关系中的礼节也是必要的。这样，应该肯定的道德规范是：忠、信、慈、孝、廉、礼、勤、俭、勇。此篇所举德目与上一篇《试论新时代的道德规范建设》略有不同，这表明我对于新时代道德规范建设问题只能提出一些尝试性的意见，不敢固执己见。现在重新思考这个问题，我认为，新时代的道德建设，必须明确肯定六项基本道德：一忠（公忠），二信，三仁（仁爱），四孝（孝亲），五礼，六廉。这六项基本道德是传统美德的批判继承与重新解释。"忠"指忠于祖国、忠于人民、忠于民族；"仁"指平等友爱；"孝"指敬养父母；"礼"指适当礼节；"信"与"廉"的意义比较单纯，是古今人民所共同肯定的。

以上是我20世纪90年代关于价值观及新道德建设的一些思考。

关于中国哲学基本问题与基本派别

70年代末，我在《中国哲学史方法论发凡》一书中，曾经对于中国哲学的基本问题与基本派别有所阐述，90年代我又做了进一步的思考，对于中国哲学的基本问题与基本派别提出了新的见解。

1991年我发表《中国哲学基本问题辨析》一文。我认为，中国哲学也有与西方哲学的最高问题相类似的问题，虽然是用不同的名词概念来表达，但却具有相似的深切内涵，因而具有同等的理论意义。

试以中国哲学与西方哲学进行比较，中国哲学史与西方哲学所谓思维与存在的问题相类似的问题有四：（一）名实问题，（二）道器问题,(三) 有无问题,(四) 理气问题。与西方哲学所谓精神与物质的关系问题相类似的问题亦有四:(一) 天意与自然的问题,(二) 形神问题,(三) 心物问题,(四) 能所问题。因为不同的时代有不同的讨论重点,所以表现为这些复杂的情况。前一类问题最后归结为"理气"问题,后一类问题最后归结为"心物"问题。

思维对存在、精神对物质的关系问题,是西方哲学关于哲学最高问题的表述方式。应该承认,中国哲学关于哲学最高问题具有自己的表述方式。所谓哲学基本问题或最高问题即世界本原问题,亦即主体与客体的关系问题。在中国哲学中,"理气"问题可谓相当于西方所谓思维与存在的问题;"心物"问题可谓相当于西方所谓精神与物质的问题。这都是对于哲学基本问题的明确表述。应该承认,这些问题是在宋明哲学中逐渐明确起来的。在宋明哲学中,"理气"问题与"心物"问题都已有了比较完整的意义。这也足以表明,中国哲学作为在东亚地区有广泛影响的哲学思想,在世界哲学史上确实具有重要的地位。

1992年我又发表了一篇《论中国哲学史上的学派论争》。大意说:从20世纪50年代以来,哲学史研究都强调唯物主义与唯心主义的斗争,但是,哲学史的全部内容是否可以完备无遗地归结为唯物主义与唯心主义的斗争呢?这个问题是一个值得讨论的问题。西方从19世纪后期以来,在唯心主义与唯物主义之外,还存在着二元论、不可知论、多元论、生命哲学等。我们应该从实际出发,对于事实不应采取不承认主义。可以这样说,唯物主义与唯心主义是哲学的两个最重要的派别,是两个极端。在唯心与唯物的两端之间还存在着二元论、不可知论、多元论、生命哲学等流派。近年一般的意见认为程朱之说是一种客观唯心论。但是程伊川将心与天对立起来，朱子更严格区分了理、气、心的不同层次，以理为世界的最高本原，有理必有气，有气然后有心，心不是最高范畴。将朱子哲学称为客观唯心论，不足以揭示朱学的本质。对于哲学史上的学派应进行实事求是的评析。此文的主旨在于纠正20世纪50年代以来哲学史研究中简单化的倾向。

关于中国文化与中国哲学中的优秀传统

1991年至1993年我发表了几篇论述中国文化与中国哲学中的优秀传统的文章：《正确对待祖国民族文化遗产》、《论弘扬中国文化的优秀传统》、《传统文化与社会主义》、《中国文化的优秀传统的生命力》、《中国古典哲学中的优良传统》。这些篇章的主要内容是提出如下的意见：

我们要坚持走建设有中国特色的社会主义道路，就必须正确对待祖国民族文化遗产。建设社会主义的新中国文化，必须在马克思主义普遍原理的指导下，在吸取西方文化的先进成就的同时，努力弘扬中国文化的优秀传统。新时代的文化，只能建立在对于旧时代文化的批判继承的基础之上。传统文化的积极贡献是中华民族自立于世界的基础，也是中华民族坚强凝聚力的根源。

如何判断文化的积极内容，有两条标准。一是看思想观念是否符合客观实际，二是看思想观念是否符合社会发展的需要，即是否有益于社会的发展。这两条是一致的。凡是符合自然及社会生活的实际从而能促进社会发展的,即正确的思想意识,构成民族文化中的优秀传统。

中国文化和中国哲学优秀传统主要有四项:(一)唯物主义和无神论的思想传统,(二)辩证思想传统,(三)人类本位思想传统,(四)坚持民族独立的爱国传统。

中国古代唯物论远有端绪,管子提出"天不变其常,地不易其则",荀子宣扬"天行有常",都是明确的唯物主义观点。宋代张载批判了佛教"以心法起灭天地"、"诬天地日月为幻妄"的唯心论,建立了以气为天地本原的"气一元论",明代罗钦顺、王廷相,明清之际的王夫之,清代的戴震都继承发扬了"气一元论"学说,构成唯物主义传统。

中国哲学富于辩证思想,老子提出"反"的观念,孔子提出"叩其两端"的辨惑方法,《易传》提出"一阴一阳之谓道"、"刚柔相推而生变化"、"生生之谓易"等光辉命题,达到先秦辩证法的最高成就。张载更提出了"两一"观念,"两不立则一不可见,一不可见则两之用息",以"两一"表示对立统一,是中国古代辩证思维的深切概括。

中国古代有一种重视独立人格的思想,肯定人的价值。这种观点可以称为"以人为本位",即以人为思想的出发点,以人为终极关怀,而不诉诸宗教信仰。孔子肯定人人都有独立的意志,他说:"三军可夺帅也,匹夫不可夺志也。"孔子认为人生最重要的事是提高道德觉悟,而不必求助于宗教信仰。他说:"务民之义,敬鬼神而远之,可谓智矣。"肯定道德教育,不祈求于鬼神,从而冲淡了宗教意识,这成为中国文化的一个显著特点。孟子特别强调一个人作为人的人格尊严，他指出："生亦我所欲，所欲有甚于生者，故不为苟得也；死亦我所恶，所恶有甚于死者，故患有所不辟也。"所谓"所欲有甚于生者"，即人格的尊严；所谓"所恶有甚于死者"，即人格的屈辱。中国古代以人为本位的学说，肯定人格独立、人格尊严，这是值得肯定，值得弘扬的。

近几年来，有人认为中国文化重视"人伦"，因而抹杀了独立的人格。对于这个问题需要进行深入的分析。君臣关系包含阶级对立与等级区分的关系，父子关系有所不同，属于同一阶级同一等级，夫妇亦是如此。父母不得不承认子女也是同等的人，夫不得不承认妻也是同等的人。"三纲"之说否认了臣对于君、子对于父、妻对于夫的独立人格，但没有否认社会上人与人之间彼此相互的独立人格。长幼、朋友之间更是平等的关系。从总体上看，重视人伦中的中国文化并没有抹杀人们的独立人格。

1987年至1989年的几年间，社会上出现一股全面反传统的思潮，全盘否定中国的传统文化，甚至认为"抹杀独立人格的传统文化，真正的人不可能萌芽成长"，这就是认为几千年来的中华民族还没有一个"真正的人"。这种民族自卑至于极点的荒谬论调，如果不是出于对传统文化的无知，就是崇洋媚外的洋奴意识的卑劣表现。在"中国人民站起来了"的时代，却有些人恨不得做外国殖民地的顺民，这实在令人惊异！这也可见，宣传中国文化中的优秀传统确实是十分必要的。

中国人民从古以来有一个坚持民族独立的爱国传统。汉唐宋明以至于近代，都涌现了许多爱国志士、民族英雄，为保卫民族主权，维护中华文化而坚持斗争。绝大多数的人民都具有爱国意识。中国人民表现了巨大的凝聚力和百折不挠的坚忍性。这巨大的凝聚力和百折不挠的坚忍性不是偶然产生的,而有其深刻的思想根源。应该承认,传统文化中的"自强不息"的精粹思想确实起了鼓舞斗志、激励人心的伟大作用。

应该承认,民族文化之中具有至今仍有一定生命力、至今仍应肯定的积极内容。我们要发扬中国文化中的优秀传统,其中包括儒学中的精湛思想,但从整体说来,不可能复兴儒学。儒学在中国占统治地位的时代已经一去不复返了。儒学作为"百家"中的"一家",仍然有继续存在的价值。特别是孔孟所代表的原始儒家思想,如能去除汉代以后所谓"三纲"、"五常"的曲解,其绝大多数主张还是正确的。宋代的新儒学,即理学,虽吸取容纳了佛学的一些思想资料,但论其传承,则莫不绍述孔、颜、思、孟。韩愈以来的"道统"之说,虽有其狭隘的束缚人们思想的一面,但也有其维护民族传统、保卫民族尊严的一面,也不应简单轻率地加以否定。

我们应发扬优秀传统,更重要的是发挥创造性的思维,解决以前未解决的问题,从而创建社会主义的新文化。

我以为,考察中国文化与中国哲学中的优秀传统,不是也不应从中西文化之异同着眼。中国有唯物论,西方也有唯物论;中国有辩证法,西方也有辩证法。然而同中有异,异中有同,西方重视个人自由,中国则重视人格尊严,这也有同有异。爱国主义是一个新名词,中国古代谓之"华夷之辨",谓之"精忠报国",但其核心精神与爱国是一致的。信持唯心论哲学的人,可能不同意我对唯物论的赞扬,这也只能各抒己见而已。

如果从中西文化的异同着眼,则应注意中国文化与西方文化不同的两个基本思想倾向:一是关于天人关系的"天人合一"的观点,二是关于人际关系的"以和为贵"的观点。在中国思想史上,所谓"天人合一",不同的思想家有不同的解释,其中比较精湛的是《易传》所谓"与天地合德,先天而天弗违,后天而奉天时",及张载"民吾同胞,物吾与也"的思想,肯定人与自然是一个整体,人与万物不是敌对的关系,而是共存的关系。孔子弟子有若说"和为贵",《中庸》说"和者也,天下之达道也",孟子说"天时不如地利,地利不如人和",都强调人与人之间的和谐即团结互助,这是具有重要意义的精湛观点。

关于中国文化与中国哲学发展的前景

90年代,关于中国文化与中国哲学发展的前景,我发表了《中国文化的新时代》、《试论中国文化的新统》、《论中国哲学发展的前景》、《现代中国哲学发展的道路》、《中国传统哲学的继承与改造》等论文,对于中国文化与中国哲学的发展方向提出了自己的意见。

我认为,近百年来,中国文化已经经历了巨大的转变。在学术研究方面,自然科学已经跃居首位,受到异常的重视。在语言文字方面,白话文已成为通行文体,文言文降到次要地位。在社会道德方面,以"三纲"为主旨的礼教已受到激烈的批判,新道德正在建设之中。社会主义新中国文化的创建,必须以马克思主义普遍真理为指导,发扬中国文化的优良传统,同时吸取近现代西方文化的先进成就。在政治上,马克思主义必须与中国革命实际相结合;在文化方面,马克思主义应与中国文化的优秀传统相结合。应该建立中国文化的新统,事实上中国文化的新统已经在建立之中。

我认为,哲学是时代精神的精华,时代是不断发展的,因而哲学也是不断发展的。今后的中国哲学,一方面要吸取西方哲学已经取得的成就,一方面又应不忘本民族思想的特点,珍惜中国哲学固有的优秀传统而努力加以弘扬。必须虚心理解西方自古希腊以来的哲学思想,了解西方哲学的丰富成果,但是不应"数典忘祖",忽视本民族的哲学遗产。

中国哲学发展的新时代应是一个新的"百家争鸣"的时代。"百家争鸣"是促进学术发展的正确方针,但是应有一个主导思想。新时代的中国哲学必有一个主导思想,同时也容许不同学派的争鸣。我认为,新中国占主导地位的哲学思想应是具有中国特点的唯物论,亦即马克思主义唯物论与中国古典哲学唯物论的结合。哲学的方法必须兼重综合与创新,综合即将古代和近代哲学中符合客观真理的正确见解综合起来。虽云综合,但是必须有一个中心观点,这个中心观点应是唯物论。在唯物论哲学中,也可能有不同意见,也应求同存异。这是我的意见。

近年,我也思考了中国现代哲学史的一些现象和改革开放新时期以来中国哲学史研究的一些新发展。

多年以来,中国哲学史的专著或教材大都讲到五四运动为止,"从孔夫子到孙中山",以后就不讲了。往往认为,"五四"以后,中国现代哲学的主流就是马克思主义在中国的传播,此外无可注意者。事实上,马克思主义在中国的传播固然是现代中国哲学的主流,而与马克思主义对峙的有一些反马克思主义的思想,同时还有既非马克思主义也非反马克思主义的哲学思想,也应加以注意。30年代至40年代,涌现了几个融合中西、自成一家之言的哲学家,最著名的有熊十力、金岳霖、冯友兰。他们学贯中西或会通儒佛,建立了自己的哲学体系。近年来出现了研究熊十力、金岳霖、冯友兰哲学思想的专著,这也是有重要意义的。我个人有幸与他们有近密的联系,时受教益,也有一些与他们或相近或不同的见解。我感到,他们的著作与当代西方的哲学著作相比,毫不逊色。

到了50年代初,学术界强调运用马克思主义的观点、方法重新研究中国哲学史。当时苏联日丹诺夫《在西欧哲学史讨论会上的发言》传到中国,被认为是关于哲学史研究的指导文件。50年代至60年代的中国哲学史论著都强调唯物主义与唯心主义两条路线的斗争。到"文化大革命"时期,更特别强调所谓"两军对战",继而又专门强调所谓"儒法斗争"。在这种观点的指导之下,难免对于古代哲学的史料多所剪裁,往往只争论某一哲学家是唯物论者还是唯心论者,而对于哲学家学说的丰富内容与深邃观点却注意不够。至于把中国哲学发展史说成儒法斗争史,更是对于历史事实的严重扭曲。70年代之末,把中国哲学史装点成儒法斗争史的谬论受到了严肃的批判。80年代中期以来,"实事求是"的原则得到进一步的贯彻,关于哲学史的论著比较注意古代哲学家学说的丰富内容,不以论证一个哲学家是唯物论者还是唯心论者为唯一任务了。平心而论,哲学史上唯心主义与唯物主义的对立,还是应该承认的。但是也应承认有些哲学家的学说既有唯物主义方面,也有唯心主义方面,不能简单地归结为唯物主义或唯心主义。

最近十多年来，中国哲学史研究，有一项最值得注意的新发展，就是关于中国古典哲学的概念、范畴的研究，发表了关于中国哲学范畴的论文多篇，并且出版了关于中国哲学范畴的专著，如葛荣晋的《中国哲学范畴史》等。我30年代中撰写《中国哲学大纲》，即以"中国哲学问题史"为副题，此"问题"就基本上相当于"范畴"。近年我继续写出了《中国古典哲学概念范畴要论》等。

价值论的研讨兴起于西方20世纪初年。价值论（亦称价值学）虽属一门新的学科，但价值观念，无论中国或西方，都是古已有之。今天所谓价值，中国古代称之曰"贵"。人生价值的问题是古代哲学家经常讨论的问题。中国古代的儒家、墨家、道家都有关于真、善、美的学说。这都是值得研究的。我于1982年发表了《简评中国哲学上关于人的价值的学说》，又于1985年发表了《中国古典哲学的价值观》，颇引起研究哲学史的同人们的注意。嗣后许多同志也展开了对于中国哲学关于价值的学说的研讨，这是中国哲学史研究领域的扩展。90年代初，我对于价值论问题更进一步提出了新的见解。

对于中国哲学与文化的未来，我充满希望，特别是寄希望于青年们。结合我数十年治学的经验教训，我认为对于传统哲学的优秀遗产，要做到司马迁所说的"好学深思，心知其意"这八个字，这是步入中国哲学殿堂的必由之径，也应是一切求真知者的座右铭。研习哲学和哲学史，首先要对于宇宙的奥秘、人生的真谛感兴趣，然后才能致力于哲学思考。古典哲学著作都表现了哲学家努力探索真理的苦心深虑，首先要虚心加以体会，然后才能理解其学说中的奥蕴。

张岱年认为，学习中国哲学史，可以先选一些有关哲学史的著作来读，但是还必须直接阅读古典名著。这是张岱年在《四库全书精编》首发式上。

恩格斯说过："一个民族要站在科学的最高峰，就一刻也不能没有理论思维。"（《自然辩证法·反杜林论旧序》）又说，为了进行理论思维的锻炼，"除了学习以往的哲学，直到现在还没有别的手段"。这明确地指出了学习哲学和哲学史的重要性。现在我们学习哲学，必须通晓古今中外的哲学史。多数西方人只学习西方哲学史，也有少数学者兼研学中国哲学史。作为一个中国人，如果只能"言必称希腊"，那是不能不令人感到遗憾的。

学习中国哲学史，可先读一些关于哲学史的著作。十几年来，关于中国哲学史的专著和教材，已有十几种之多，可选读两三种。但是仅读哲学史书还不能深窥古代哲学思想的堂奥，还必须直接阅读古典名著。我个人学习哲学，可以说是从研读《老子》、《庄子》开始。我初读《老子》，感到莫名其妙，莫测高深。参阅了多种注解，加以反复思考，才对于《老子》的精义奥旨有所了解。我在青年时期，对于《论语》、《孟子》虽然是童而习之，但并不理解其中的哲学意蕴。通过对《老子》、《庄子》的研读，才引起对于宇宙人生根本问题的思考，才渐入哲学的殿堂。读了《老子》、《庄子》，再来读《论语》、《孟子》，才能窥见孔孟学说中亦含有甚深意蕴，如"子在川上曰：逝者如斯夫"；"子绝四：毋意、毋必、毋固、毋我"，确实具有精湛的哲学涵意。然后又阅读了若干西方哲学的名著，才逐渐学会进行哲学思考。

正如古希腊哲学是西方哲学的源泉一样，中国先秦诸子是中国两千多年来思想的源泉。先秦诸子的著作《论语》、《孟子》、《老子》、《庄子》，以及《易传》、《墨子》、《管子》、《荀子》、《韩非子》，都是气象恢宏开阔，发挥了创造性的思维。汉唐学者及宋明理学家的著作，有较先秦诸子更加详密之处,但受经学时代学风的拘牵,不免拖泥带水,不如先秦诸子的深湛畅达。但也应择要选读其中的有代表性的著作,特如明清之际黄宗羲、顾炎武、王夫之的遗著,应该虚心钻研。

青年时期是每个人一生中最美好的时期。青年是民族的希望所在。在青年时期,要为将来的成就打下良好的基础,其中包括学识的基础。近代以来,自然科学日益发展,社会科学亦不断更新,新学说、新观念、新技术层出不穷。青年同志生在今日,遨游于广阔的知识海洋中,较之古人,幸福多了。但是,必须经过艰苦的努力,才能真正掌握丰富繁多、日新月异的知识。自然科学知识是公认的确定性的知识,社会科学知识则具有一定的阶级性,情况比较复杂。哲学思想更是派别纷繁、真伪杂糅。有的富于真知灼见,有的难免鱼目混珠。阅读现代各派哲学著作,要有批评的分析的态度。应该承认,马克思主义的辩证唯物论至今仍闪耀着真理的光辉,其基本原理是颠扑不破的。

品格修养,对一个人来说,比知识更重要。要确立正确的人生观,要具有正确的价值观。最重要的是认清个人与社会、个人与民族国家的关系。任何人都不可能脱离社会而生活,都是作为民族的一分子而存在。如果民族的独立、国家的主权受到损害,那么个人的独立人格也就谈不到了。所以,爱国主义是首先应确立的原则。唯有具备爱国主义的真情实感,才能具有高尚的人格。还应了解个人与个人之间的人际关系的基本准则,敬老慈幼、友爱互助,这是人际关系的基本规范。个性自由与人际和睦,是相辅相成的。

学术进步的条件之一是思想自由。思想自由不是驰骋主观臆想,而是虚心考察客观实际。我们研究学问,第一要虚心,尊重前人已经取得的成就;第二要敢于独立思考,发扬创造性的思维,在前人成就的基础上有所创新。

希望青年同志们珍惜宝贵的光阴,努力前进。这是我这个年近九十的老人的祝愿,我也与年轻同志共勉。

第二部

我的家庭和幼年时期

我生于 1909 年 5 月 23 日（夏历四月初五日），当时父母住在北京。据一个同族的长辈对我说，当时我们家住在北京西城酒醋局。到 3 岁时，母亲带着子女回乡居住，我幼年是在乡间度过的。原籍河北省献县，我家所在的村庄名叫小垜庄，是一个很小的村庄。到 50 年代，这个村庄划归沧县，我的籍贯改为沧县了。

我父亲名濂，字中卿，一字众清，生于 1872 年（清同治十一年）。母亲赵太夫人，生于 1869 年（同治八年）。我们家历代在农村生活，到我祖父时渐致饶裕，成为中小地主。祖父有子七人，我父行六。祖父读书而未应科举，四伯父张润应举中拔萃科，是为张氏应举的开始。众清公于 1905 年（光绪二十九年）考中进士，改庶吉士，入进士馆肄司法政，1907 年授职翰林院编修。辛亥革命以后，1918 年（民国七年）被选为众议院议员。之后曾任沙河县知事及枣强县知事。晚年在北京闲居，任燕冀中学的校董。晚年喜黄老之学，以为黄帝、老子高于儒家，研究《黄帝内经》与《黄庭经》。喜书法，崇尚颜体，所写的字刚劲凝重，尝印一印章云："留心翰墨近四十年。"又认为在"五伦"之外尚有"一伦"，即没有朋友关系的人与人之间的伦理，称之为"人"伦，因而自号"六伦"。晚年在京经常来往的朋友有尚节之（秉和）先生、陈紫纶（云诰）先生、刘润琴（春霖）先生等。

母亲是河北省交河县赵家庄人，勤俭持家，待人慈和宽厚。民国初年即回乡居住，主持家务。母亲生四子二女，劬劳实甚。我的长兄名崧年、字申甫、一字申府，大姊张敬，二姊张敏，二兄崇年，我行三，还有一个四弟。约在 1918 年（民国七年）秋天，东邻二伯父家的场院中柴堆失火，我家场院距离很近，母亲指挥长工赶快搬移我家的柴堆，幸而没有烧着。但是母亲由于高度紧张，惊慌太甚，第二天遂患半身不遂。我的四弟很伶俐，胆大活泼，一天独自到村边一个池塘洗澡，竟至溺死，没有抢救过来。当时吾母卧病在床，遭此惨痛，遂于次年（1920 年）4 月 5 日逝世，寿仅 52 岁。吾母病时，全赖二姊服侍，请过几次中医，都不见效。当时我年幼无知，未能帮助服侍，思之甚愧！

我 3 岁时随母回乡，过田园生活，五六岁时进村中族人办的学塾，背诵《三字经》、《百家姓》。之后，父亲为二兄和我延请一个表兄卢先生教我们念《论语》、《孟子》、《大学》、《中庸》四书，只是背诵，并不讲解，也教我们看新式小学课本。当时念的书不多。有一次到村中学塾中听一位杜先生讲《左传》"郑伯克段于鄢"，听来很感兴趣，也能大致听懂,但没有继续读《左传》。

母亲病逝时,父亲和大兄申府都不在乡中,他们都在北京,闻讯归来,办理丧事。1920年(民国九年)夏初,办完母亲丧事,父亲带领全家离开家乡,到北京居住。当时父亲任众议院议员,住在西城辟才胡同南半壁街16号。父亲在北京住了几十年,始终未买房子,仅租房居住。这是一个普通的四合院,属于中下等类,每月租钱银元30元。到这年秋天,由大兄申府安排,叫二兄和我到北京师范学校附属小学(后简称北师附小,新中国成立后改称宏庙小学)插班学习。二兄上高小三年级,我上高小一年级。初入学时赶不上,家里又为我请了一位家庭教师,很快就赶上了。三年之后,小学毕业,毕业考试名列第四。当时北师附小的主任是张铎民(安国)先生。毕业后我们还有联系,但几年以后他就去世了。

当时长兄申府已经毕业于北京大学,留校工作,正在北京参加新文化运动和革命活动,在学术界因介绍罗素哲学而知名。他白天都不在家,早出晚归。他在外面的活动也从不告诉家里人,我们只知他很忙。不久他就赴法国参加勤工俭学活动去了,几年后才回国。

我和二兄崇年经常在一起。母亲在世时,常对二兄和我说:你们要努力向上,做个好人。我们遵循母亲的遗教,努力读书学习,从不沾染社会上的各种恶习,对于世俗的娱乐如听戏打牌等亦无所好。父亲不过问我们的学业,偶尔加以勉励。在所住四合院中,我住南屋,父亲为南屋写一副对联云:"醴泉无源,芝草无根,人贵自立;户枢不蠹,流水不腐,民生在勤。"这寓有勉励之意。父亲在住宅大门贴一副对联云:"大林容豹隐,原野听龙吟。"表现了自己过隐居生活的态度。

在京求学

1923年（民国十二年）暑期，我小学毕业，考入北京师范大学附属中学试验班，入学即上中学一年级第二学期的课程。1926年初中毕业，1927年春考入高中班。在初中三年级的时候，附中主任（实即校长）林砺儒先生为全校做了一次学术讲演，讲德国哲学家康德的"三大律令"。林先生强调这是康德的大发现，具有重要的意义。我听了非常感动，非常钦佩，从此，"要把每个人都看做目的，不要看做工具"这一道德律令深深印在我的头脑之中。

当时国难深重，每年5月7日定为"国耻节"，举行纪念活动。当时我也看了一些关于社会问题的书籍，知道当中国人的任务，一是外抗强权,争取民族独立;二是改造社会,革新政制。初中毕业时,班主任卢玉温(光润)先生让每个学生写终生志愿,我写道:"强中国,改造社会;成或败,退隐山林。"今日看来很可笑,表现了当时的狂放和幼稚。中年以后,自知不是搞政治的材料,就专门从事学术研究了,但是报国之志是始终不渝的。

初中二年级之时,同学庄镇基喜读老庄哲学,于是引起我对于哲学的兴趣。我初读《老子》,如入五里雾中,感到莫名其妙。后来读了一本《新解老》,其中认为老子所谓"道"即天地万物的最高原理,于是忽有所悟,对于老子学说有所理解。又读了《哲学概论》一类的书,对于哲学有所领会。

当时对于哲学有所了解之后,于是对于宇宙人生的一些重大问题深感兴趣。常常独自沉思:思天地万物之本原,思人生理想之归趋。每天晚上经常沉思一两个小时,养成致思的习惯。

高中一年级时,班主任汪伯烈(震)先生开了中国哲学史课程,我很感兴趣。汪师兼通文学、哲学、心理学,对于美国詹姆斯哲学有较多的研究,常和我们谈论当时学术界的情况。汪师在一份题为《认识周报》的刊物上发表了一篇论述当时中国哲学界的文章,评述了胡适、梁漱溟、朱谦之、张崧年等的思想,说张崧年是中国"新实在论"的代表。这时我才稍知长兄申府与当时中国哲学界的关系。当时我在作文课中写了一篇题为"评韩"的文章,内容为批评韩非子反对道德教化专重刑赏的观点。汪师甚为欣赏,在课堂上对全班同学说:张岱年这篇文章写得很好,大学三年级学生的论文也不过如此。对于汪师的赞赏,我衷心感激。汪师将这篇文章刊登在当时《师大附中》

月刊上,现在已遗失不存了。

在中学读书时,国文教师和学生接触较多,因而印象较深。国文老师汪伯烈先生之外,还有张少元(鸿来)、张建侯、董鲁安、卢伯玮、夏宇众诸先生。其中汪伯烈先生、卢伯玮先生对于我都很器重。也有一位数学老师丁文渊先生,师生情谊较深。我读初中时数学课成绩较好,丁师再三劝我研究数学,可惜我的兴趣后来转向哲学史方面了。

在高中读书时,我写了一篇考证列子的文章,题为"关于列子",内容是证明列子实有其人,反驳列御寇系子虚乌有之说。投寄《晨报》,于1928年3月在《晨报副刊》上发表了。这是我在报纸上发表的第一篇文章,得稿费银元八元,当时甚为欣喜。

1928年暑假,我报考清华大学,被录取了。开学之后,添设了军事训练,由两个国民党军官任教官。我不愿受国民党的军事训练,退学了。适逢北京师范大学招生,遂又报考北京师范大学教育系,也被录取了。当时本拟报考北京大学,那年北大招生较晚,因已被师大录取,就到师大入学了。原师大附中的同班同学阮庆荪、庄镇基、陈伯欧、陶雄、谷万川等也都考入师大,老同学又聚在一起了。由谷万川介绍,认识了王重民;由王重民介绍,认识了孙楷第、刘汝霖。当时王重民、孙楷第等组织了一个"努力学社",出版了一期《努力学报》,邀我写一篇文章,我写了一篇,题为"古书疑义举例再补",是一篇考证文章。

当时阮庆荪、陈伯欧、谷万川等又组织了一个"人间社",是一个研究文学的学社,在此社中我认识了潘炳皋。"人间社"有时请学者来校讲演,还请大兄申府来讲了一次,题为"辩证唯物论与唯物辩证法",颇受同学们欢迎。申府后来在师大开"现代哲学"课程,讲"新实在论"哲学,历史系的张恒寿也来听讲,于是彼此结识,成为莫逆之交。

教育系的同班同学傅继良建议合译一本书,于是选译了杜威的一本小册子《教育科学的源泉》,由同学高元白协助出版。傅继良还想再合译别的书,但我的兴趣转向中国哲学史,不想译书了。

当时北京师范大学采用学分制,不计年龄,学分够了就可以毕业。许多学生由于生计困难往往中途到一些中小学任教代课,然后再回到师大受学,学分够了才毕业。我在师大读书时,深喜自学,读西方哲学名著,不爱听课,因而过了四年而学分不足,又补了一年学分,于1933年毕业。我写的毕业论文是《怀悌黑的教育哲学》,导师是邱椿先生。由傅继良协助,此文在《师大学报》上发表了。

30年代至40年代的探索(上)

1931年至1933年,我虽在师大听课,而大部分时间用于自学,一方面研读中国古典哲学著作,一方面研究西方哲学。我也阅读了关于中国哲学史的书,如梁任公的《论中国学术思想变迁之大势》、胡适之的《中国哲学史大纲》上卷,很感兴趣,但不满足。1931年春,冯友兰先生的《中国哲学史》上卷出版,考辨之精,论证之细,使我深深敬佩!我本来对于老子年代问题有兴趣,在冯著上卷的影响之下,写了一篇《关于老子年代的一假定》,投寄《大公报·文学副刊》,承编者嘉许,发表出来。此文认为《老子》书当在墨子之后、孟子之前。它颇得罗根泽先生同意,后被编入《古史辨》第四册中。

关于西方哲学，在吾兄申府的引导之下，读了一些英文哲学著作。最喜读罗素（B. Russell）、穆尔（C. E. Moore，一译摩尔）、怀特海（A. N. Whitehead）、博若德（C. D. Broad）的书。对于此派学者的逻辑分析方法甚为赞赏。

20年代末至30年代初，关于辩证唯物论的译籍受到青年人的欢迎。我读了恩格斯的《费尔巴哈论》、《反杜林论》和列宁的《唯物论与经验批判论》的中译本，虽然译笔不甚明畅，但能窥见大意（40年代才读到这些著作的英译本）。我衷心接受了辩证唯物论（包括唯物史观）的基本观点。我以辩证唯物论与现代西方哲学的新实在论、实用主义、生命哲学、突创进化论、新黑格尔主义以及尼采超人哲学做了比较，认为辩证唯物论既博大精深又切合实际，实为最有价值的哲学。我认为，辩证唯物论在认识论上解决了西方近代哲学中唯理论与经验论的矛盾，既承认感觉经验是认识的基础，又肯定理性的重要作用，理性认识以感觉经验为基础而又高于感觉经验；关于精神与物质的关系，既肯定物质是本原的，又承认精神对于物质的反作用。因此，我认为马克思主义哲学唯物论是当代最有价值的哲学。

1932年，吾兄申府主编《大公报·世界思潮》，使我有机会发表一些长短不同的学术文章，颇引起学术界的注意，是为我参加学术论坛之始。当时写文，多署名张季同（因为我赞佩"大同"理想，故署名季同）。

由吾兄申府介绍，我认识了哲学界前辈熊十力先生、金岳霖先生、冯友兰先生。熊先生看到我在《大公报·世界思潮》上的文章，对吾兄说：我想和您弟弟谈谈。于是我访问了熊先生。熊先生赠我他的著作《新唯识论》与《破破新唯识论》，我向他请教有关中国哲学的问题。我不赞同他的"唯心唯识"观点，但钦佩他的独创精神。我访问金先生，金先生说："你写的《"问题"》一篇分析得很好，分析这条路子是哲学的一条可行的路子。"我访问冯先生，谈有关中国哲学史的问题，彼此见解相近。

1933年夏，我在北京师范大学毕业了。因为当时已经发表学术论文多篇，于是被清华大学聘为哲学系助教。这是冯友兰先生、金岳霖先生推荐，梅贻琦校长批准的。秋季开学，让我讲授"哲学概论"。吾兄申府决定，让我用美国 D. S. Robinson 的 *An Introduction to lining Philosophy* 作为课本。书中内容分：（一）导论，（二）唯心论，（三）实在论，（四）实用主义，（五）其他派别。主要是按类型来讲的。我讲课时，增加了西方古代及近代哲学的材料，并且较详细地讲述了辩证唯物论哲学，并称之为当代最伟大的哲学。

在清华大学任教，最值得纪念的一件事情是与张荫麟先生定交。荫麟字素痴，对于哲学、史学、文学都有高深的造诣。他赴美到斯坦福大学留学，1933年回国，到清华大学任专任讲师（即副教授）。他虚怀若谷，看到我在《大公报·世界思潮》上发表的文章，表示赞同，遂成挚友。他时相过访，议论相近。后来到抗战时期，荫麟先生不幸在南方逝世，年寿不永，实为学术界一大损失。

我到清华任助教之次年，不幸遭遇大故。父亲患病不愈，于1934年（民国二十三年）3月4日（夏历正月十九日）逝世，家里一阵慌乱。父亲逝世后，大家庭解散，大兄、二兄和我分居了。

我30年代所写文章，可分为四类，一是关于中西哲学史的论述，二是对于马克思主义哲学的阐述,三是关于哲学理论问题的分析,四是对于文化问题的见解。今略述其要点。

关于中西哲学史,我写过《先秦哲学中的辩证法》、《秦以后哲学中的辩证法》、《纪念斯辟诺莎诞生三百年》、《颜李之学》、《中国元学之基本倾向》、《中国思想源流》、《中国知论大要》等。其中比较重要的是关于中国哲学中的辩证法的两篇。以前讲中国哲学的很少谈到辩证法,有的也只是谈到老子,对于中国哲学中老子以外的丰富的辩证思维,很少涉及。我着重论述了老子、《易传》、扬雄、张载、王夫之的辩证观点。但讲得也不完备,没有讲孔子及朱熹的辩证思想。

关于马克思主义哲学,我写了《关于新唯物论》、《辩证唯物论的知识论》、《辩证唯物论的人生哲学》。其中《关于新唯物论》一文依据自己的心得对于辩证唯物论哲学做了简要的评述,也有不尽恰当之处。《辩证唯物论的知识论》展示了辩证唯物论的认识论的科学体系,意在表明马克思主义的认识论不仅具有深湛的观点,而且具有一个缜密完整的系统。《辩证唯物论的人生哲学》是对于马克思主义道德学说的阐述。我认为,马克思、恩格斯、列宁虽然没有关于伦理道德的专门著作,但在马克思、恩格斯、列宁的著作中含有非常深刻的关于伦理道德的理论观点,因而试图加以阐释。但当时尚未读到《德意志意识形态》一书,故此文所讲是很不完备的。

30年代所写,比较重要的,是几篇提出个人哲学观点的文章。

1933年,我写了《论外界的实在》,意在从理论上证明外在世界的客观存在,反驳主观唯心论。主观唯心论者认为世界依靠此心而存在,佛家讲"心作万有"、"万法唯识",影响殊深。一些实证论者认为外界实在的问题是一个无意义的问题;有些论者则认为外界实在只能由实践来证明,在理论上是无法证明的。我认为,外界实在是哲学的一个根本问题,绝非无意义的,固然可以由实践加以证明,但是,如其是真理,必然也可以从理论上加以证明,于是写了这篇。内容分析较细,从不同方面进行了缜密的论证,有苛察缭绕的倾向,结论是:"由以上所论,似即可证:我所感觉之对象,并非由我之感不感、知不知而生灭或有无,或最少有不因我之感不感、知不知而生灭或有无者。外物对于我是独立的,存在非即被知觉,外界乃实在的。我之知我身与知物同,因而,我如承认我自己是实在的,便必亦承认外物是实在的。如幻同幻,如实则亦同实。我固不能自认为幻,必认为实。知并不等于造,所知非依知而起。本来,说一切心造是容易极了,但任举经验中一物而问心如何造之,则极难言;且心是如何一回事,盖亦难说。物原非心造,心只能知之;如改造之,当由身有所动作。知是对于独立存在于知者之外的事物之辨别,外物不缘此辨别而有。"此文在《大公报·世界思潮》发表时,吾兄加了"编者特记"云:"季同此篇,析事论理,精辟绝伦。切望平津读者不可固敌迫城下,心神不宁,遂尔忽之。同时更宜信:有作出这等文字的青年的民族并不是容易灭亡的。"对于吾兄的勉励,我非常感激!

1931年冯友兰先生在《大公报·世界思潮》上发表了几篇《新对话》,主张"共相实在"之说,提出"未有飞机之前先有飞机之理"的著名观点。张荫麟先生著文进行争辩,认为"共相"不能脱离具体事物而独立。于是引起了我对于"共相"问题的兴趣。我联系中国古代哲学,写了《谭理》一文。文章首先对于中国哲学中所谓"理"的意义进行了分析,认为所谓"理"最少有五项不同的意谓,即:(一)形式,(二)规律,(三)秩序,(四)所以,(五)当然。文章指出,所以与规律应加区别,所以乃一物所根据之规律,而不得谓之即某物之规律。然所根据之规律必不可违,亦必遵循。可以说,一物之规律有二,一所根据并遵循之规律,一所只遵循之规律。如以生物现象而论,物理规律是其所根据并遵循之规律,而生物学的规律则是所只遵循之规律。文章提出两项论断:(一)理是实有的,外界有理,共相是外界本来有的,不因我们的认识而始存在。(二)外界虽有理,但无独立自存之理,理依附于个事个物。没有理的世界,理只在于事物的世界中。文章指出,社会有社会的规律,在没有社会以前,不能说有社会的规律;生物有生物的规律,在没有生物以前,不能说有生物的规律。认为在理的形式、规律、秩序三项意谓下,说"未有甲物之先已有甲物之理"是不可能的。但可以说,未有甲物之前已有甲物之"所以",即已有甲物所根据之规律,更精密点说,已有甲物所根据并将来亦遵循之规律,而无甲物所只遵循之规律。如未有飞机之前,可以说已有飞机所根据之规律,而飞机的共相却是飞机造成之后才有,是因飞机之存在而存在的。

  文章认为:我们可以说,理不在哪一个个体,而不离所有的有那理的个体。不过如此说亦有语病,所谓不在哪一个个体者,其实不是不在哪一个个体,而是不限于在哪一个个体。文章认为:新实在论者所主张的超乎时空的潜在,未始非由于一种误会而起。实际上,理并不是不在时空,而是不限于在特定的时空。似乎可说,并不是潜在,而只有相对的泛在。

《谭理》一文一方面反对唯心论者认为事物规律只是人心所赋予的主观论,一方面也反对唯理论者认为在事物的具体世界之外还有理的共相世界的共相潜在论;也不同意实证论者的唯名论,而肯定共相的客观性。这是我30年代以来的一贯见解。

30年代以来,我一直关心中国哲学的前途问题,考虑中国哲学复兴的道路。1934年所写的《中国思想源流》的结语说:"西洋思想之输入,当是对于中国的思想力复活之刺激。中国的创造思想无疑地要复活。……中国民族现值生死存亡之机,应付此种危难,必要有一种勇猛宏毅能应付危机的哲学。此哲学必不是西洋哲学之追随模仿,而是中国固有的刚毅宏大的积极思想之复活,然又必不采取新孔学或新墨学的形态,而是一种新的创造。中国若不能创造出一种新哲学,则民族再兴只是空谈。哲学若还不能独立,别的独立更谈不到。中国要再度发挥其宏大、刚毅的创造力量。"这是我的向往。

1935年我在《国闻周报》上发表《论现在中国所需要的哲学》,提出了我对于未来中国哲学的见解。我认为:中国现在所需要的哲学,最少须满足如下的四个条件:(一)能融会中国先哲思想之精粹与西方哲学之优长以为一大系统。(二)能激励鼓舞国人的精神,给国人一种力量。(三)能创发一个新的一贯大原则,并能建立新方法。(四)能与现代科学知识相应合。我认为:中国现在所需要的哲学必须是综合的。保守旧哲学的传统或根本唾弃旧哲学而企图做西方哲学系统下的一分子,都是不能适应现代中国之特殊需要的。对于中国过去哲学须能抉取其精粹而发展之、光大之,辨识其病痛而革正之、克服之,同时对于西方哲学亦要批判之、吸收之。我们所要创造的新哲学，固需综合东西所有哲学之长，然而综合应有别于混合或调和。真正的综合必是一个新的创造。文章认为现在中国所需要的哲学，在内容方面，似乎更必须具有如下的特征：（一）在一意谓上是唯物的，（二）在一意谓上是理想的，（三）是辩证的（当时认为辩证法的名称不甚恰当，拟改译为"对理的"），（四）是批评的。此文强调了唯物论的重要，而又讲未来哲学既是唯物的又是理想的，其意认为所谓唯物主要是本体论与认识论方面的观点，并不蕴涵关于人生理想的学说，所以又提出"理想的"，意在将唯物论与中国哲学关于人生理想的优秀传统结合起来。所谓批评的，意即分析的、非武断的。20世纪初年，英国哲学家 C. D. Broad 分哲学为两种，一为玄想哲学（Speculative philosophy），二为批评哲学（Critical philosophy）。所谓"批评的"即分析的之义。Broad 与 Russell 都强调逻辑分析方法，其所谓逻辑指形式逻辑。30年代，中国学术界曾出现所谓辩证法论战，主张形式逻辑的反对辩证法，认为辩证法是诡辩；而主张辩证法的反对形式逻辑，认为形式逻辑是所谓形而上学思维方式，是没有价值的。吾兄申府认为形式逻辑与辩证法都是必要的，二者并无矛盾，而相辅相成，以为应将唯物辩证法与形式逻辑的分析方法结合起来。我同意申府此说。

30年代，有不少学者试图提出自己的哲学观点，如熊十力先生讲"新唯识论"，冯友兰先生写《新对话》，金岳霖先生讲"道、式、能"。这也引起了我的理论兴趣，于是写了《哲学上一个可能的综合》，试图提出自己关于哲学理论问题的观点。我认为"今后哲学之一个新路，当是将唯物、理想、解析综合于一"。文章赞扬马克思主义的新唯物论,而主张以唯物为基础而吸取解析方法以及关于人生理想的深湛思想。认为,所谓"唯物"乃是说物质是最根本的,是生(生命)与心(心灵)之所从出,没有离开物质而存在者。解析法之要义在于辨意谓、析事实、汰除混淆、减削会忽,以清楚确定为目的。中国近三百年有创造贡献的哲学家如王船山(夫之)、颜习斋(元)、戴东原(震)都是主张唯物论的,现代中国治哲学者继承王、颜、戴而加以发展。

此文提出了将唯物、理想、解析综合于一的一系列基本观点。

第一,方法论。以理论与实践的统一为基本原则,兼用解析法与辩证法。

第二,知识论。注重五点:(一)物质存在是人类认识的基础。(二)知与行的对立与统一。(三)感觉与思维的对立与统一。(四)认识的社会性。(五)相对真理与绝对真理。

第三,宇宙论。注重三点:(一)存在即是历程,历程中流转迁变的是"事",事事相续而有一定之性者为物。(二)一物之性即一物之理,理即在事物之中。(三)一本多级,物为一本,生与心为二级。生命与心灵皆物质发展的结果。

第四,人生论。注重五点:(一)天与人的对立与统一,人是天所生成的,人与天亦有矛盾,克服此矛盾,以达到天与人的和谐。(二)群己一体,个人修养的最高境界是与群为一,为了社会国家而忘己。(三)生命与理义的统一,义与利、理与欲的对立与统一。(四)客观必然性与道德自觉性的统一,客观必然性古代称之为命,道德自觉性古代称之为义。古代哲学家讲义命合一,意即在任何客观条件之下都可以提高道德的自觉。(五)战斗与和谐的统一,生活中必须战胜困难以至到真实的和谐。

　　这篇文章提出将唯物、理想与解析综合于一，实际上包括两方面的综合，一方面在方法论上将唯物辩证法与形式逻辑的分析方法综合起来；另一方面将现代唯物论与中国古代哲学的优秀传统结合起来。我认为中国古代哲学中有一个唯物论传统和辩证思维的传统，更有关于人生理想的优秀传统，应该认真加以考察。

　　此文在《国闻周报》上发表之后，收到上海苏渊雷同志的来信，表示赞同，我十分高兴（苏渊雷同志此信后来收入所著《中国思想文化论稿》）。但是此外没有更多的反响。文中对于马克思主义唯物论的理解亦未必能得到当时宣传马克思主义唯物论的同志们的同意，而且文章用了一些自造的术语，如将"对立统一"称为"两一"，将"分析"称为"解析"等，也是此文不能引起多人注意的原因。当时《国闻周报》的编者肯发表此文，是我衷心铭感的。

　　1936年，友人孙道昇发表了《现代中国哲学界的解剖》一文，评述了胡适、梁漱溟、冯友兰、熊十力等的学术思想，以张申府、张季同为解析的唯物论的代表。当时我发表文章，多以"季同"署名。（孙道昇是清华哲学系毕业生，是冯友兰先生的学生。）

　　1936年我将历年致思的札记编成《潜思录》，亦题为"人与世界"，其中对于一些哲学问题提出了自己的见解。其中的主要观点是：存在即是历程，宇宙是生生不已的变化大流，宇宙一本而多级，物质是一本，物质、生命、心知共为三级。人生之道是克服生命与生命的矛盾冲突，以达到生命与生命的和谐。

　　1936年，冯友兰先生、汤用彤先生、金岳霖先生等在北京发起组织"中国哲学会",召开了中国哲学会的第一次讨论会。冯友兰先生鼓励我提交一篇论文,于是我写了《生活理想的四原则》一文。这篇文章提出关于人生理想的四个基本观点:(一)理生合一,(二)与群为一,(三)义命合一,(四)动的天人合一。我认为,在人生哲学上,最大的问题可以说是生与理的问题,生即生命、生活,理即道德规律。生命现象包含许多矛盾,必须克服生命与生命的矛盾,以达到生命的和谐。生命的和谐即"理"。中国哲学史上的义利问题的本质即生与理的问题。义与利是有区别的,但也有其统一。其次,以前的哲学家喜讲"与天为一",认为"与天为一"是人生最高境界,实则这种境界是一种神秘境界;在生活上应与之合一的不是天,不是万物,而是人群,是社会、国家(这所谓国家不是国家机器,而是指人民总体)。我们不必讲"与天为一",而当讲实践"与群为一",即与社会国家为一体。"义命合一"是借用宋代张横渠的话。张横渠说:"义命合一存乎理。""义"是理想的当然,"命"是现实的必然,两者是对立的,然而有其统一。人生必须一方面认识客观的必然性,一方面努力实践当然的准则,在任何客观条件之下,都可以实现一定的理想准则。所谓"动"的天人合一,是对"静"的天人合一而言。"静"的天人合一即是"与天为一"的神秘境界;"动"的天人合一是以行动调整自然,以达到天与人的和谐。主要是指《易传》所谓"裁成天地之道、辅相天地之宜"的学说。文章指出,合一不同于同一,合一亦即统一,是二物相依不离而成一整体,虽成为一个整体而仍有区别。

这篇文章以"理与生"概括"义利"问题与"理欲"问题,对于宋儒所讲"义利之辨"与"理欲之辨"做了一定的矫正。所谓"与群为一"是对于庄子所谓"与天为一"及宋儒所谓"与万物为一体"的批判。所谓"义命合一",论述了客观必然性与道德自觉性的统一。所谓"动"的天人合一是对于《易传》天人关系学说的发挥。这篇文章在内容上提出一些较新的观点,但写得很不通俗,而且采用了一些古旧的术语,四项观点之中三项用合一来表示,令人费解。因此此文发表之后没有引起人们的注意。

30年代,除了上述较长的论文之外,我还写了一些论述辩证法与逻辑分析方法的短文,如《辩证法与生活》、《辩证法的一贯》、《相反与矛盾》、《科学的哲学与唯物辩证法》、《逻辑解析》等,都发表于《大公报·世界思潮》。此外还写过评介维也纳学派的文章《维也纳派的物理主义》,我曾经对于维也纳派感兴趣,认为维也纳学派对于传统哲学的批评确有可取之处。但是维也纳派认为哲学只能是对于科学命题的分析,表现了哲学消灭论的倾向,这是我不能同意的。因此,我赞同罗素与穆尔的逻辑分析方法,而对于维也纳派的逻辑实证主义学说则不以为然。

30年代,文化问题曾引起热烈的讨论。胡适先生提倡"全盘西化",梁漱溟先生则宣扬中国传统文化。当时我对于文化问题也很感兴趣,于1933年写了一篇《世界文化与中国文化》,提出了自己的文化观点。我认为,中国文化是世界上伟大的民族文化之一。一个民族的文化,如果不与较高的不同的文化相接触,便易走入衰落之途。一个民族的文化与较高的文化相接触,固然可以因受刺激而获得大进,但若缺乏独立自主精神,也有被征服被消灭的危险。近代中国遇到了外国资本主义的文化侵略,而国内有人提倡"全盘欧化",显然是有害的。现在要仍旧保持传统文化,那是不可能的,但西方资产阶级文化也到了将被否定的日子,社会主义的世界性的文化必然要到来。中国必将产生新文化而成为那世界性的社会主义文化的一部分。中国人如果守旧不改,则无异于等着毁灭;如果妄自菲薄,以为百不如人,则难免有被外来侵略者征服的危险。中国旧文化的改造,同时就是新文化的创成,也可以说是中国文化的复兴。文章强调必须用辩证方法来分析文化。这是我的一贯观点。

1935年我又写了《关于中国本位的文化建设》、《西化与创造》两篇文章。这两篇都是反对"全盘西化",而主张创造新的中国文化。当时我不了解"中国本位文化建设"的提倡者有政治背景,而是专读关于文化的理论问题。文章认为:中国文化中之病态的腐朽的部分应克除之,破坏之,扫荡之;而其中健康的活的部分则不仅应保持之,而且应发展之,提高之,扩充之。西方文化中之好的优良的,应尽可能地采纳吸收过来,而其中不好的有流弊的,则毋庸追随模仿。文章强调文化是可析出的,不承认"文化有不可分性",认为西方文化可以说有许多要素或成分,有些要素之间有必然关系,必须并取;有些要素无必然关系,却可取此舍彼。如科学与为科学之基础的哲学思想有必然关系,如取科学,便不能不取"知识即力量"等的哲学思想。西方于科学之外还有耶稣教,我们取西方的科学,却可不必连带亦取其宗教。文化并无不可分性,而是可析取的。西方有宗教有科学,我们可不必把宗教也采取过来,而只取科学。但在取科学时,我们不应只取应用科学,也应取理论科学;又不应只取科学知识,且应取科学方法与科学精神;不唯取科学精神,更应取作为科学之理论基础的哲学思想。文章提出"文化创造主义",主要是针对专讲模仿的"全盘西化"而言的,同时也指出,"创造不能凭空,必有所根据,我们可以根据东西两方文化的贡献作为发展之基础"。《西化与创造》一篇是对于一位"全盘西化"论者的质疑的回答,比较详细地说明了我的文化观点。

1935年至1936年,我集中精力专研中国传统哲学,写成五十多万字的《中国哲学大纲》,副题为"中国哲学问题史"。这是一部以问题为纲的中国哲学史,主要是将中国哲人所讨论的哲学理论问题选出,分别叙述其源流发展,以显示中国哲学之整个的条理系统。全书分为三部分,第一部分"宇宙论",内容又分为本根论与大化论。第二部分"人生论",内容又分天人关系论、人性论、人生至道论、人生问题论。第三部分"致知论",内容又分为知论与方法论。这所谓"宇宙论"指关于宇宙的理论,相当于西方所谓形而上学(Metaphysics)。这所谓"本根论"相当于西方所谓Ontology,一般译为本体论(吾兄申府译为元学,所谓元指一元论二元论之元)。这里所谓"大化论"相当于西方所谓Cosmology,一般译为宇宙论。当时不用普通的译名,意在择取更合适的固有名称。"致知论"相当于一般所谓认识论,选用了古代哲学所谓致知一词。当时有一个流行的见解,认为中国古代哲学没有认识论,我特别选出中国古代哲学中关于致知问题的论述,证明中国古代哲学也有认识论,不过比较简略而已。

此书力图展示中国传统哲学的理论体系,对于中国传统哲学中的概念、范畴、问题、争论做出比较全面的阐述。对于传统哲学固有的概念、范畴的内涵与歧义进行了比较明确的分析,可以说是逻辑分析方法的运用;又对于概念、范畴的发展演变以及各学派之间的相反相成、交光互映进行了比较详细的说明,这可以说是唯物辩证法的运用。全书在主观愿望上力图做到较深、较准、较全。所谓"深"就是力求将中国古代哲人的深邃思想显示出来。中国古代哲人,如先秦诸子、宋明理学等,确实具有许多非常深邃精湛的思想观点,非浅尝所能理解,却应尽力加以阐发,予以适当的诠释。所谓"准"即力求准确,要符合古代哲人的原意,不望文生义,不牵强附会。所谓"全"即进行全面的论述,力求避免偏缺。但是事实上此书没有能做到全面的阐述,最显著的缺点是在宇宙论篇中,没有把"形神"作为专题来讲;在致知论中,没有把"知行"作为专题来讲,这都是重大的缺漏。

  此书着重讲述了中国哲学中的唯物论学说与辩证法思想,对于宋代以来张载、王廷相、罗钦顺、王夫之、戴震的唯物论学说特加表扬;对于老子、《易传》、扬雄、张载、二程、朱熹、王夫之的辩证观点进行了较详的诠释。关于人生理想论,比较详细地阐述了孔子、墨子的"泛爱"学说,特别宣扬了王夫之、颜元的"尽性践形"理论,认为是具有近代意识的进步思想。近几十年来,研究中国哲学史的,大多数认为宋明理学分为程朱学派与陆王学派两大学派,程朱哲学是客观唯心论,陆王哲学是主观唯心论。我在《中国哲学大纲》中首次提出:自宋至清的哲学思想,有三个主要潮流,第一是唯理论的潮流,即程朱之学;第二是主观唯心论的潮流,即陆王之学;第三是唯气论的潮流,亦即唯物论的潮流,即张载、罗钦顺、王廷相、王夫之以及颜李学派与戴震的学说。从30年代到80年代,经多年的论辩,宋明哲学分三派的观点已为多数研究者所承认了。冯友兰先生晚年撰写《中国哲学史新编》,就将宋明哲学分为理学、心学、气学三个学派。

经冯友兰、张申府介绍,张岱年认识了冯让兰。冯让兰1932年毕业于北京师范大学中文系。1935年,张岱年与冯让兰在北京结婚。2004年张岱年去世后,开完追悼会的当天,她也离去。

《中国哲学大纲》的结束语题为"中国哲学中之活的与死的",对于中国传统哲学的优长与缺失进行了简要的评议,认为王船山、颜习斋、戴东原的思想最接近现代思想,可以说是中国传统哲学中的活的潮流。当时我读过意大利的哲学家克罗齐(B. Croce)所著《黑格尔哲学中的活的与死的》的英译本,颇感兴趣,于是仿其题目写了这篇《中国哲学中之活的与死的》,作为《中国哲学大纲》的总结。

现在应略述我30年代的生活情况。1933年秋,我受聘到清华大学任哲学系助教。1934年3月,先父不幸逝世,办完丧事之后,兄弟三人分家,离开了居住十几年的南半壁街旧居。我因父丧忧伤影响健康,于暑假辞去清华教职,进城暂住北京图书馆宿舍。张荫麟曾来访谈,令我感动。友人张恒寿、潘炳皋亦常来共谈。当父亲在世时,由冯友兰先生及吾兄申府介绍,认识了冯让兰同志。让兰于1932年毕业于北京师范大学中文系,毕业后到天津南开中学任国文教师,两年后回京。1935年我与让兰在北京结婚,租房住在辟才胡同二条2号。此房有三间宽大的北屋,《中国哲学大纲》即在北屋书房中写成。1936年,由冯友兰先生联系,回到清华大学哲学系仍任助教,讲授"哲学概论"与"中国哲学问题"两门课程。"中国哲学问题"课即以《中国哲学大纲》为讲授内容。在清华与张荫麟先生常相过从。1937年"七七事变",时局紧张。1937年7月29日,日本侵略军入侵北平,清华同人纷纷离校,我与让兰暂到城内大姊家居住,遂与学校领导失去联系。当时清华大学哲学系助教,在我之外,还有李戏鱼、王森,哲学系助理是申荆吴,都未能随校南行,滞留北平城内。8月初又到校内搬东西,申荆吴帮助较多。我在北平多次迁居,有两年住在地安门附近东煤厂,之后迁至南长街二条,1941年迁居西城小沙果胡同8号。当时闭户读书,不与敌伪合作,经常往来的朋友有王森、李戏鱼、张恒寿、常风、关其桐、王锦第、韩镜清、翁独健、成庆华、李相显等。当时在北平居住的前辈学者有陈垣、王桐龄、尚秉和、邓以蛰、张子高、张东荪等,亦皆闭户深居,不与敌伪来往。当时抗击日本侵略军,战争十分激烈,而我们未能参加战斗,只是潜伏敌后,等待胜利,至今思之,还是深感惭愧的。清华南迁,冯友兰先生、金岳霖先生等随校南行,辗转到达昆明。张荫麟亦离京南行,其后不幸早逝。张申府南行经武汉到重庆,参加救亡、民主活动,于抗战胜利后回到北平。

30年代至40年代的探索(下)

1941年冬天,我迁居西城小沙果胡同8号,住房是一座小楼,在楼上便于沉思,于是于次年春季开始写《哲学思维论》。当时太平洋战争开始了,中国的抗日战争胜利有望,我以满怀希望的心情撰写论著。原来的计划是将历年致思所得整理成为一书,题为"天人新论",计划分为四部分,第一部分是方法论,第二部分是知论,第三部分是天论,第四部分是人论。后来未能完成原来的计划。方法论也写得较简,改题为"哲学思维论"。知论原拟写两篇,一为《知觉与外界》,二为《经验与理性》,仅写出《知觉与外界》,改题为"知实论"。天论亦拟分两篇,一为《事理论》,二为《心物论》,仅写出《事理论》。人论部分只写出简单的提纲,改题为"品德论"。这些论稿,《哲学思维论》、《知实论》写于1942年,《事理论》写于1943年,《品德论》写于1944年。其后生活日趋艰窘,就无力写作了。

我撰写这些论稿,意在实现"将唯物、解析、理想综合于一"的构想。《哲学思维论》提出了自己对于哲学的本质的观点与关于演绎法、归纳法与辩证法三者的关系的见解;《知实论》进一步论证外在世界的实在;《事理论》研讨事物与共相的关系问题,较详地论证了"理在事中"的唯物观点;《品德论》提出了一个以"刚健而和谐"为主旨的人生理想。这些论稿写作于抗战时期,不可能随时发表,胜利后又因故拖延下来。直至1988年,连同历年的思想札记,以"真与善的探索"为题由山东齐鲁书社出版,已在写成之后四十多年了。但与王船山著作一百多年以后才能刊布相比还算幸运的。

《哲学思维论》首先认为哲学是根本问题之学,亦即事物的基本类型之学,研究世界事物中的基本区别及其统一关系。我认为,从基本观点言之,在哲学的各个学派之中,物本论(即唯物论)最为正确,物本论而能避免机械论之偏蔽,对于理则、生命、心灵以适当的说明,即足以解释生活经验而无憾。继而,讨论了哲学命题之有意谓或无意谓的问题,认为哲学命题的有无意谓在于可验或不可验,认为关于直接经验的命题是其他一切命题的基础。直接经验有三:(一)耳目等感官对于外物之感觉。(二)主体的自我体内感觉。(三)活动经验。人活动之时,身体的活动部分有内在的活动感觉,而且大部分的活动,主体自己之目更可加以外在的观察,耳目更可视听其所接遇之外物,合起来构成人的活动经验。对照活动经验而言,耳目等对于外物的感觉可以称为静观经验。过去哲学过于重视静观经验,实则活动经验尤为重要。最简单的活动经验之例,如人食物以充饥,人着衣以御寒。画饼不能充饥,想象的衣裳不能御寒。所知(所认识的对象)的虚实之辨,在于活动经验。过去宇宙哲学有许多命题是无意谓的,如柏拉图关于离物自存之理念或独立的理念世界的命题,黑格尔关于绝对理念或绝对精神的命题,都是不可验的,实皆无意谓。但是,现代实证论者认为唯物论的主要命题如"物为心的本原"及"世界是实在的"亦皆属无意谓,实则不然。"物为心之本原"、"世界是实在的",虽非特殊经验所能证明,而实为大部经验之所证成。"外界是实在的"乃是许多"某事某物是实在的"特殊命题的总括,具有真实的意谓。

拙论认为,基本的思想方法有三,即演绎法、归纳法、辩证法。演绎法是用名立辞的方法;归纳法是发现一般重复屡现的现象之规律的方法;辩证法是勘察不易重复的演化历程的内在发展规律的方法。此三者各有其适用的范围,而不相冲突。其次,对于辩证法的基本概念与基本原则做了一些分析与疏释。拙见以为,相反与矛盾有一定区别,统一与同一亦有一定区别。相反是有中间性的对立,矛盾是无中间性的对立。统一指两个事物的相互依存、相互转化,同一指两个事物的相互类似。又依据中国古代哲学,认为"和谐"是辩证法的一个重要范畴。关于辩证法的基本原则,拙见以为,辩证法有两个基本观点、三条根本规律,而其核心是对立统一。对立统一原则又可分为两个方面,一是对立的统一关系,二是内在的矛盾。于是总为六条:(一)变化观点,(二)联系观点,(三)对立的统一,(四)内在矛盾,

（五）性变与量变的相互转化，（六）否定之否定。所谓"性变"即一般所谓"质变"，因中国古代哲学中所谓"质"具有歧义（所谓"质"有时指有形有状的，如物质之"质"，有时指属性，如性质之"质"）。故称之为"性变"，即本性或属性的变化。每一观点或规律都可以有两个程式，一作为客观规律或客观情况的程式，二作为方法指导原则的程式。今将六条的两个程式列举如下：

（一）变化

第一程式——凡物皆变化历程，即凡存在皆在变化中。

第二程式——观物于其变化（即观察任何物都要观察它的变化历程）。

（二）联系

第一程式——凡事物皆与其前后左右的一切事物有联系。

第二程式——观事物于其对于其他一切事物之联系。

（三）对立统一

第一程式——凡对立皆有其统一。

第二程式——观对立于其统一。

（四）内在矛盾

第一程式——凡统一体皆内含矛盾而为其变化的内在根源。

第二程式——观物于其内在矛盾，以辨识其内在的变化源泉。

（五）性变与量变相互推移

第一程式——凡物的发展，量的渐变至于极度必引起性的突变，而性既突变，量亦随而不同。

第二程式——观物的变化于其性变量变的相互转化。

(六) 否定之否定

第一程式——凡发展的变化,其否定之否定乃是立定与否定之综合。

第二程式——观物之由立定而否定而否定之否定的发展历程。

立定一般称为肯定,我认为肯字本系许可之意,含有主观的意谓,故改称为立定。

此篇对于运用辩证法应注意的事项以及辩证法与演绎、归纳的关系也都做了较详的论述。这里就不必详说了。

《知实论》的副题是"知觉与外界",内容试图从感觉的分析来论证客观世界的实在。感觉的内容即是今此所现。今此有种种形色、种种声音,谓之"感相",然此诸感相之显现并非随心所欲,即不随好恶之变更而变更。张目有时而见如此之形色,有时而见如彼之形色,是故形色之显现有其在心与感官以外的条件,谓之"外在所待"。其外在所待即是外在的事物。感相可谓外在事物之映象。事物之映象的内容亦受能知的情状之制约,然而这并不妨碍此映象为其外在所待的映象。如果唯有知者,当亦无此映象。所以,外在事物的实在是必须肯定的。一切人的感相之共同的外在所待之世界,乃是众知者的共同世界。《知实论》是对于外界实在的进一步论证,对于感觉的内容如感相、感相关系、感景、感境等做了比较深入的分析,从而确定主体(心与感官)与客体(外在世界)的关系,肯定了客观世界的实在。"感相"一词,取之于罗素,指耳闻目见等的感觉内容。而认为感相是外在事物之映象,坚持了唯物论的观点,则与罗素不同。

《事理论》讨论了事物与理则、规律、共相的关系问题,对于实有

（客观实在）、事物与空时、延续与变化、关系与关联、理与性、可能与必然、两与一（对立与统一）、反与复、事理之关联进行理论的分析，提出五项比较重要的基本观点：（一）关于实有的规定，（二）关于"事"、"物"、"理"、"性"的界说，（三）延续与变化的意义，（四）关于矛盾与和谐的作用，（五）关于事理孰为根本的分析。

首先提出，关于实有（实在）必须有一个明确的规定，实有应是可感而无待于感者，亦即有证验的存在。凡由感官之经历验察而证明其离知独立的，谓之实有。必须区别虚实。

实有的内容是事、理、物。就实有而解析之，至于无可再析，则见一切皆"事"。"事"即是变化历程的基本内容。事随现随逝，相续不绝，吾所接遇之实有，皆事事相续的历程。"事"的观念取诸英国哲学家怀特海与罗素。但是，以"事"表示自然现象，在吾国春秋时期即已有之。《左传》"昭公十七年"有"天事恒象"之语。"天事"即一般所谓天文现象。事与事有异有同，事事相续，谓之流行。流行中的"异"谓之"变"，其异中之"同"谓之"常"，变中之"常"谓之"理"。"理"即事事相续中之恒常，"理"亦称为共相。事事相续而有恒常之理通贯于其中而无间断，则成为一物。物为事之所成。通贯于一物的变化历程恒显无间之理，谓之"性"。此论以"事"与"理"为基本概念说明世界，与中国传统哲学以"理"与"气"为基本概念说明世界有所不同。"事"的观念亦可谓取常识中"事"的观念加以新的诠释。"理"则是中国哲学所特有的观念，涵括西方思想中所谓形式、共相、规律、理性等意义。事事相续而有通贯之理者是"物"。事、理、物俱为实有。

张岱年讲自己的著作时,常常回忆20世纪30年代读熊十力、冯友兰、金岳霖等先生的著作。他深深敬佩这些先生的各自建立了自己的理论体系。这是1985年,他与哲学家贺麟在一起。

以"事"为基本观念,也就是以历程为基本观点。历程亦称为过程。事事相续,前事既过,后事继起,续续不已。个别的物虽有始有终,而通观宇宙,变化历程永无终结,可谓之永延。吾人所在之宇宙即是事事永延之宇宙。事续续不已,物生生不已。物有不同的类,基本的类别可称为等级或层级。荀子说:"水火有气而无生,草木有生而无知,禽兽有知而无义,人有气有生有知亦且有义,故最为天下贵也。"这是中国古代关于事物层级的观点。今应肯定,无生之物质为第一级,有生之物质为第二级,有生而又有知之物质为第三级。宇宙由事物合成。事事更代而无已,物物流转而不穷。凡事皆有起有过,凡物皆有始有终,总一切的事事的过与起,统一切之物物之始与终,为无始无终的变易大化。

事物变化的基本规律是对立统一。对立包含相反与矛盾。相互对立的物常常相互冲突。对立的物相聚合而得其平衡,谓之"和谐"。凡物之毁灭,皆由于冲突;凡物之生成,皆由于相对的和谐。如无冲突则旧物不毁,而物物归于静止;如无和谐则新物不成,而一切止于破碎。凡物之继续存在,皆在于其内外的冲突未能胜过其内部的和谐。如果一物失其内在的和谐,必由于内部冲突而毁灭。生命之维持尤在于和谐。如果有生的机体的内部失其和谐,必致于生之破灭而归于死亡。人群亦然,如果一个民族内部斗争过甚,则必亡国灭族。乖违(矛盾冲突)为旧物破灭之由,和谐为新物生成之因。

事理孰为根本?自人的经验言之,有事斯有理,未尝遇无理之事(此所谓"理"指自然之理,非指当然之理。就当然之理而言,可以说有无理之事)。有理斯有事,未尝睹无事之理(无事之"理"可以想象,但在实际经验中无有)。所谓根本的意谓有三：(一)永恒的为根本，倏暂的非根本；(二)先在的为根本，后出的非根本；(三)凡统赅其他的为所统赅者之根本。可云事函理，而不可云理函事。事统赅理，而不可谓理统赅事，如必求一本，当肯定事较理为根本。王船山(夫之)说："道者器之道，器者不可谓之道之器也。"即是此义。朱晦庵(熹)尝云："未有这事，先有这理。"李恕谷(塨)评之曰："夫事有条理曰理，即在事中。今曰理在事上，是须别为一物矣。离事物何所为理乎？"我赞同王船山"道在器中"及李恕谷"理在事中"的观点。

我反对唯理论者"理在事先"的观点，更反对主观唯心论者"心即理"以及"人心为自然界立法"，也不赞同实证论者的唯名论。我认为理在心外而在事中，心亦有理，然而有心外之理。事有其理，而理不在象外。理是客观存在于事中的。理亦非仅名词而已。事、理、物俱是实有。

《品德论》讨论关于道德的问题，认为人生一方面要充实生命力，一方面要克服生活中的种种矛盾以达到生命的和谐，提出"充生以达理"、"胜和以达和"的见解。认为人生之要义，一言以蔽之，曰充生以达理。充生以达理即扩充生命力，克服生活中的矛盾，以达到"合理"的境界，而所谓"合理"实即生命的和谐。生存即是争取生存，而人生即是争取人的生存；争取人的生存即是争取异于禽兽的生存。人应有提高品德的自觉。认为人生之大务有二：一是生力之充实，二是品德之提高。

以上是《哲学思维论》、《知实论》、《事理论》及《品德论》的主要内容。回忆30年代初期，读熊十力先生的《新唯识论》，40年代之初，读冯友兰先生的《新理学》与金岳霖先生的《论道》，深佩诸先生好学深思，各自建立了自己的理论体系。然而犹未餍足，亦想提出自己对于哲学问题之所见，于是写出这些关于哲学问题的论稿。而行文喜简，这些论稿都是用简练的文笔写的，简而未畅，不够通俗，论证亦未充分展开，是很不完备的。

我当时蛰居沦陷的故都，心怀殷忧，幸有六七友人，相互砥砺、相互慰藉。30年代末，由滇来平探亲的张遵骝同志倡议，成立一个切磋学问的联谊会，参加者有张恒寿、翁独健、王森、韩镜清、李戏鱼、成庆华等。定名为"三立学会"，每两周会晤一次。经常晤谈的朋友还有王锦第、王孝鱼、关琪桐等。1942年，由王锦第介绍，会晤了私立中国大学校长何其巩先生及中国大学哲学教育系主任童德禧先生。何校长听说我著有《中国哲学大纲》，恐其在战乱中遗失，建议我到中国大学讲课，借此将《中国哲学大纲》印为讲义。当时在沦陷的北平居住但坚持不与敌伪合作的学人，都不到伪北大和伪师大讲课，而多到私立中国大学讲课，因为中国大学不受敌伪津贴，有相当的独立性。于是我答应了何其巩校长的邀请，于1943年秋季到中国大学讲授"中国哲学概论"课程。是为《中国哲学大纲》第一次排印。

1945年抗战胜利，日军降伏。1945年8月15日，我听广播得知日本投降的消息，不胜雀跃，为平生第一次高兴欢乐的日子。友朋相聚，欢庆胜利。之后，接到冯友兰先生自昆明来信，说清华大学即将复校，仍邀我到清华授课，任哲学系副教授。1943年至1946年我住在北平地安门白米斜街3号，遂于1946年8月移居清华大学乙所，暂住冯先生在清华的旧宅。

张岱年和季羡林(右四)、何兹全(右二)等学者在中国文化书院的活动上。

1946年,冯友兰先生赴美国讲学,我代冯先生讲授"中国哲学史"课程,又讲"哲学概论"与"孔孟哲学"、"老庄哲学"等。1948年冯先生回国,仍回乙所居住,我移居清华旧西院甲14号,仍讲授"中国哲学史"课程。

到清华之后,本拟补写原计划《天人新论》未完的部分,而课务较繁,竟无暇隙。1948年夏,恐久而遗忘平日所思,于是试图将个人对于各方面哲学问题的见解做一概括的简述,名之曰《天人简论》,共分十章。其主要内容如下:

(一)天人本至

天为人之所本,人为天之所至。本者本根,至者最高成就。宇宙大化,无生物演化而有生物,生物演化而有有心之生物,至于人类,可谓物类中最优异的。古代哲学家认为天地的本根(本体)即是人类道德的最高标准,其实不然。本根与至极是有区别的。

(二)物统事理

一切个体的存在谓之物,凡物皆是历程。指其历程中的变化者而言谓之事;指其变化中的恒常的规律而言谓之理。物统事理。事为实有,理亦实自;统含事理,物亦实有。

(三)物原心流

最基本的个体存在是物质(中国语言中所谓物指个体存在,亦指物质)。宇宙演化是由物质(一般物质)而生物(有生命的物质)而有心物(有心知的有生物质)。物是基本,生命与心知是物质演化而有的较高层级的形态。物是本原,心是物质演化而有的,是支流,物为原而心为流。物是一本,生命与心知以物为基础,一本而多级。

(四)永恒两一

一切事物皆在变化之中,一切对立莫不有其统一。矛盾的出现是实际的必然,矛盾的克服是理想的当然。如果没有对立矛盾,则世界将成为静止的世界;如果没有对立的相对和谐,则将无相当固定之物,而世界将成为刹那幻灭之世界。

(五)大化三极

宇宙大化有三极,一元极,二理极,三至极。元极是最根本的物质存在。理极是最根本的理则即最普遍的规律。至极是最高的人生理想。最高的人生理想具有最高的价值,而价值的最高准则是兼赅众异而得其平衡,可称为"兼和"。古代哲人常言"中庸",中庸易致停滞不进之弊,今拟以兼易中,以兼和易中庸。

(六)知通内外

心为内,物为外,知是所以通内外的。有外物然后有感觉,感觉是知识的开端。人的知识依赖于实践,实践即主体对于客体的改变。

(七)真知三表

真知(正确的认识)有三个标准:一是自语贯通,即不自相矛盾;二是认识与感觉经验相应不违;三是依之实践,结果如所预期。真知在于认识、经验、实践三者之一致。

(八)群己一体

个人不能脱离社会而生活,群与己的关系乃是全与分的关系。群体的利害即是个人的利害,正如一身的利害即四肢的利害。

(九)人群三事

《左氏春秋》以"正德"、"利用"、"厚生"为三事,"正德"是提高精神生活,"利用"、"厚生"是改进物质生活。三事并重,兼顾精神生活与物质生活而无所偏废。今亦言三事:一御天,二革制,三化性。御天即改变自然,革制即改造社会,化性即改变人性。"万物并育而不相害,道并行而不相悖",可谓最高的理想境界,实际上是万物并育而更相害,道并行而亦相悖。克服相悖相害,以达到相顺相和,乃人群进步的理想。

(十) 拟议新德

道德随时代之不同而变迁,随社会生活之改易而转移,应审察时代的需要而建立新道德。道德的根本原则唯一,曰"公"。旧德之中亦有不可辄废者,亦可借用旧名而赋予新义。今提出六达德、六基德。达德:一公忠,二任恤,三信诚,四谦让,五廉立,六勇敢。基德:一孝亲,二慈幼,三勤劳,四节俭,五爱护公物,六知耻。

以上是拙作《天人简论》的要略。当时于这些论稿之外还有一些思想札记,后来整理成为《认识、实在、理想》,1987年亦编入《真与善的探索》中。

我的哲学探索是试图将现代唯物论与逻辑分析方法以及中国哲学的优秀传统结合起来。《事理论》的自序云:"民初以来,时贤论学,于绍述西哲之余亦兼明中国往旨,于程朱、陆王、习斋、东原之学时有阐发,学人之中,述颜戴之旨者,宗陆王之说者,绍程朱之统者,皆已有人。而此编所谈,则与横渠船山之旨为最近,于西方则兼取唯物论与解析哲学之说,非敢立异于时贤,不欲自违其所信耳。"吾于往哲,钦慕横渠、船山之学,主要是赞同其唯物观点与辩证思想。当时以为中国哲学的优秀传统即是唯物论与辩证思维的传统。

我的哲学观点,大部分都前有所承,但是也有一些独抒己见的论点,约略言之有六点:(一)分别本至,提出本至之辨。古代哲学往往以为世界的本原即是道德的最高标准,如朱子以为太极既是天地万物的本体,又是最高的道德标准。我则认为世界本原与人生最高准则是二非一。(二)提出"物统事理"的命题,物(个体存在)是事事相续而具有一定之理的实有历程。这个命题是仿照张横渠所谓"心统性情"而提出的。以"事"、"理"、"物"为宇宙哲学的基本范畴。(三)肯定了和谐的重要意义,认为矛盾是变化之源,而和谐为存在之基。如无矛盾冲突,则世界将成为静止的世界;如无和谐,则世界将成为须臾幻灭的世界。物之存在系于和谐。高度肯定中国古代的"和"的观念。(四)提出"充生以达理,胜乖以达和"的人生理想,强调充实生命力与提高道德觉悟的统一。(五)以"与群为一"为道德的最高准则。(六)主张以"兼和"易"中庸"。在日常生活中提倡"中庸"是必要的,但专讲"中庸",往往流于庸俗。"中庸"作为原则不如"兼和",兼者兼容众异,和者包含多样性而得其平衡,赞同史伯所谓"以他平他谓之和"。

1948年12月,人民解放军到达北平西郊,清华园解放了,清华大学师生热烈欢迎人民解放军。国民党空军对清华园投掷了炸弹。一天下午,我正在工字厅前树林的道路上行走,有一架飞机向工字厅附近扔了炸弹,炸了一个大坑,距离我仅有两丈多远,我夷然无所惧。到1949年春季,应学生们要求,经学校同意,我开讲辩证唯物论课程,听者很多。次年又讲过辩证法、新民主主义论等大课。当时清华开设全校必修的"大课",第一课由金岳霖先生讲唯物论,由我讲辩证法。之后又让我讲新民主主义论。但是后来发现,讲辩证唯物论哲学,必须联系中国革命实际及中国共产党的历史,而我对于党史及当时政策都缺乏信息来源,难以联系实际,以后便决定不再讲辩证唯物论课程了。

  1949年新中国成立,毛泽东同志宣布:"中国人民站起来了!"我深受鼓舞。我正值不惑之年,开始了新的生活。

50年代至70年代的经历

50年代之初,中国人民大学聘请苏联专家讲授马列主义基础及辩证唯物主义。教育部指示,让北大、清华各派一名教授到人民大学听苏联专家讲课。清华让我到人民大学听专家讲课(北大听苏联专家讲课的是郑昕)。同时辅仁大学邀我到辅仁讲"辩证唯物论与历史唯物论",北京师范大学聘我为兼职教授,讲"新哲学概论"。当时北师大尚在厂甸,我旧地重游,甚感快慰。当时每周奔驰于四校之间,工作非常紧张,但是精力充沛,不感疲劳。当时的公共汽车不甚拥挤,乘坐比较方便。后来,在清华大学亦开讲马列主义基础课程,以《联共党史》为课本。1951年在清华大学被提为教授,当时参加审查评议的是雷海宗、王亚南，都肯定了我的学术水平。当时清华大学哲学系教授还有金岳霖、冯友兰、邓以蛰、沈有鼎、王宪钧、任华，周礼全、王玖兴任助教。金岳霖先生与冯友兰先生都努力学习辩证唯物论哲学，思想上有了重大的转变。金、冯两先生在哲学上本来都已自成一家之言，而今努力研读马、恩、列及毛泽东的著作，他们的谦虚态度是值得钦佩的。

1952年高等院校调整，清华的文、理、法学院都并入北京大学，北大由城内迁到燕京大学旧址，全国各地的哲学系教师都集中到北京大学。金岳霖先生当时任哲学系主任。金先生本来不习惯于事务工作，现在每日都到系办公室上班，统筹全系工作。南方的朱谦之、宗白华、黄子通、熊伟等都来到北大。汤用彤先生任北大副校长，兼任哲学系教授，郑昕、贺麟本是北大教授。1953年北大也聘请了苏联专家，讲马列主义基础，由我和黄楠森担任辅导，讲马恩列斯著作选读。之后，成立了中国哲学史教研室，冯友兰先生任教研室主任。教研室同人集体准备，努力运用马克思主义的立场、观点、方法研究中国哲学史，计划开设新内容的"中国哲学史"课程。当时北大教务长尹达同志参加中国哲学史教研室的讨论会，考虑讲课教师的人选，建议由冯友兰先生和我担任课程主讲，于1954年至1955年度开设新的"中国哲学史"课程。冯先生讲先秦至汉初，我讲汉初至明清时代。是为新中国成立后第一次开设的"中国哲学史"课程。当时庞朴、萧萐父、申正、乔长路等同志都来旁听。次年，我专讲宋元明清一段，编写了《宋元明清哲学史提纲》，1957年至1958年在《新建设》杂志上发表，是新中国成立后第一部关于宋明哲学史的论著。

1956年,党宣布了"百花齐放、百家争鸣"的方针,张岱年欢欣鼓舞。1957年,党号召群众提意见,帮助整风,他很感动,就做了发言。他被打为"右派"。迟至1962年,他才被摘掉"右派"帽子,1979年,完全恢复了名誉。这是晚年的张岱年在书房里。

当时教研室规定，每人每学期都需撰写一篇关于中国哲学史的论文。1953年我写过关于墨子思想的论文，新意不多。1954年撰写了《王船山的世界观》，内容比较深刻，是新中国成立后第一篇关于王船山哲学的专论，详细分析了王船山的唯物论学说与辩证法思想。教研室开了讨论会，邀请贺麟同志参加评议。贺先生说，我原来认为王船山哲学是客观唯心论，看了这篇文章，我同意船山是唯物论。当时金岳霖先生担任《光明日报》的《哲学专刊》主编，提议在《哲学专刊》上发表此文。因原稿较长，仅发表了其中讲唯物论的部分，题为"王船山的唯物论思想"。

1955年我又向教研室提交了论文《张横渠的哲学》，详细论述张横渠的"气化"学说，肯定了其唯物论的本质。冯友兰先生将此文推荐给即将创刊的《哲学研究》，发表于《哲学研究》1955年第1期。此文曾引起争论，我又写了两篇答辩文章。1957年春季，我又发表了《中国古代哲学中若干基本概念的起源与演变》，对于气、太虚、天、道、太极、理、神、本体等八个范畴进行了诠释。继而又发表了《中国古典哲学的几个特点》，对于中国古典哲学的基本倾向有所阐发。1957年1月，北京大学召开了中国哲学史讨论会。在讨论会上，我发言谈论中国哲学史的范围与哲学遗产的继承问题，后来发言稿被收入《中国哲学史问题讨论专辑》。当时我对于哲学中唯物与唯心两条路线的斗争与伦理思想的关系的问题颇感兴趣，撰写了论文《中国伦理思想发展规律的初步研究》，1957年由科学出版社出版。1956年又应湖北人民出版社之约，写了通俗小册子《张载——中国11世纪唯物主义哲学家》，应中国青年出版社之约，写了《中国唯物主义思想简史》,都于 1957 年出版。

　　1956 年,党宣布了"百花齐放、百家争鸣"的方针,我非常高兴,欢欣鼓舞!我本来以为,新中国成立以后,以马克思列宁主义为最高指导原理,对于不同学派的思想加以限制,是理所当然的。但现在党宣布了"百家争鸣"的方针,表现出大公无私的广阔胸怀,将使春秋战国学术繁荣的情况再次出现。我也认为现在的"百家争鸣"应不同于春秋战国时代的"百家争鸣",而是在马克思主义指导之下的"百家争鸣"。当时中国科学院社会科学部召开了一次座谈会,我在会上发言说:先秦时期曾出现"百家争鸣",促使学术高度繁荣;现在又要实行"百家争鸣"了,这是令人鼓舞的。但是,现在的"百家争鸣"与先秦时代的"百家争鸣"应有所不同。现在的"百家争鸣"应是马克思主义指导之下的"百家争鸣"。马克思主义的普遍真理是必须肯定的。这是我当时的认识。嗣后,我访问熊十力先生,谈到"双百"方针令人鼓舞。熊先生告诫我:你要注意!情况是复杂的,你如不注意,可能有人以最坏的污名加在你的头上。当时我觉得我赞同社会主义,又信持唯物论,不会有什么问题。不意于 1957 年秋季,我遭受了平生的奇耻大辱。1957 年党号召群众给党提意见,帮助党整风,我很感动,以为党如此信任群众,群众应将平日的感想说出来。5 月 17 日,在中国哲学史教研室工会小组会上,我发言说:"三反"、"肃反",我都积极参加了,但也觉得有些问题。清华搞"三反"运动,一些老教授,如冯友兰先生、潘光旦先生,检查了三次才通过,未免伤了知识分子的感情。"肃反"运动时,本系召开了批判王锦第的批判会,后来又宣布,据调查,王锦第的问题在解放初已经交代清楚了,没有别的新问题。

为什么不先调查呢？不先调查，却先开批判会，这是不合适的。我又盛赞"双百"方针的英明。当时也无人反驳。过了一个暑假，到9月初，忽然开会对我进行批判，认为我反对"三反"，又反对"肃反"，鼓吹资产阶级思想自由，于是划入另册，扣上资产阶级"右派"的帽子。当时我完全陷入迷惘之中。在批判会上，一些人采取"落井下石"的态度，深文周纳，给我加上很多莫须有的罪名，剥夺了我的教学权利。一些熟人，见面如不相识。但是公道自在人心，前辈中如金岳霖先生、朱谦之先生、唐钺先生，仍以常礼相待。老友如张恒寿、潘炳皋、王维诚、孙楷第等，仍能维持友谊。周礼全同志知我受诬，给我以慰藉。教研室派给我的工作是参加《中国哲学史教学资料汇编》的资料选注工作。迟至1962年7月，宣布摘掉"右派"帽子，可以参加教学工作了，但仍难以发表文章。到1979年1月，党拨乱反正之后，北大党委重新审查，宣布1957年实属错划，完全恢复了我的名誉和待遇。

1958年8月下放到北京郊区黄村参加劳动，有的农民知道我被划为"右派"之后，私下对我说："你不就是说了几句真话吗？"对我表示同情。农民同志的淳朴令我感动。

"五十而知天命。"我年近五十，竟遭此大厄，才知道人生确实有命存焉，实亦由自己当时狂傲不慎所致。在划入另册的时候，我仍然自信是拥护社会主义的，仍然把自己的命运与中国的命运联系在一起。

1962年回到人民队伍，仍担任《中国哲学史教学资料汇编》的资料选注工作。1963年秋季，为中文系古典文献专业讲授"中国哲学史"课程，从上古讲到近代，讲了两个学期。同时又在哲学系开"张子正蒙注"选修课,蒙培元、许抗生等曾听此课。1964年参加北京近郊区的"四清"运动,到朝阳区王四营公社白鹿司村参加"四清"工作组,与任华同志同组,与农民同吃同住。农村生活比较艰苦,颇受农民同志的热情接待。农民生活虽然较苦,但住房却相当宽敞,休假时回到中关园住宅,便很感狭窄了。当时到王四营参加"四清"的还有郑昕、熊伟、周先庚、周辅成、桑灿南等。

1966年6月1日,"文化大革命"开始,接学校电话,命令我们回校参加运动,于是回到北大。北大的东南门旁贴了一个纸条:"资产阶级教授靠边站!"我们回校就"靠边站"了。

一开始,哲学系全系老教师在一起开会学习文件,不久就分为两组:一组是据说有问题的,如我和冯先生、洪谦、熊伟、沈履、周先庚、周辅成、李世繁、黄楠森、吴天敏、桑灿南、朱伯崑等;一组是据说没有问题的,有郑昕、唐钺、宗白华、王宪钧、任华、齐良骥、黄子通等。此外原来的系领导及负责同志王庆淑、冯定、任宁芬、汤一介等则被称为"黑帮"。老教师有问题的一组由黄楠森担任组长,每天清晨到校园内扫地一小时,然后开会学习,写检查,抄大字报。没有问题的一组,后来有一位也被揪出来,因他曾参加国民党任区党部的委员,在外调中发现了。他冒充进步,终于被发觉了。后来唐钺、宗白华也受到审查,郑昕也受到批判。我每天早晨到校内一院扫地,然后学习。不久冯先生病了,住进医院,两月后病愈出院,仍参加原组学习。我向冯先生表示慰问。但也有人冷眼相对,如不相识。当时有很多学生到老教师家搜查,称为"抄家"。9月初的一天,哲学系五年级的一帮学生由一个助教带队到我家搜查。我自调到兆大,住在中关园平房16号。他们来抄家,闹了一下午,抄走了日记及笔记卡片等,而没有抄去我的著作手稿,实属万幸。(庄印后来成了"四人帮"的帮凶,在70年代死去了。)冯友兰先生家被抄的次数更多了,但未动他的藏书。

我从1966年7月到1967年5月,天天进校扫地抄大字报。到1967年6月1日,"文化大革命"一周年,哲学系"文革领导小组"宣布:张岱年、黄楠森、汤侠声、叶朗、吴天敏五人检查得较好,予以解放。从此我们五个人不扫地不抄大字报了。我遵命参加王宪钧、任华、晏成书等的小组学习,每天看大字报,听大喇叭广播。1968年8月初,哲学系"文革小组"命令我换房子,从原住16号搬出,换住一间半的小房间,地点在二公寓的211号。我不敢违抗,遵命以大换小,于是卖掉四平板车的旧书,又卖掉沙发。当时家具店不愿收旧沙发,必须有书桌陪着,又卖掉一个书桌,总算勉强安置下来。

北大的造反派分裂为两派,一派是"新北大",一派是"井冈山",两派斗争激烈。两派每天都用高音喇叭高声广播,我们每天都注意听大喇叭广播。

1968年8月末,"毛泽东思想宣传队"进校。那天晚上,让我们等候欢迎。一直等到深夜,一个工厂的宣传队到了,人们列队欢迎,我也参加在学生队伍中。接着开会,师生表示欢迎,我也说了两句,一个队员立即说,你们资产阶级教授没有发言权。我就不敢再说了。天天开会,过了几天,宣传队员又问我们,你们资产阶级教授为什么不发言呀?这确实令我不知如何是好。王宪钧同志问我:不说不行,说了也不行,这怎么办呀?这是老教师的共同感受。有一个青年工人专门和我过不去，每天都找我的茬，幸而几天以后工厂把这个工人调回工厂了。

当时我们是参加群众学习的，还有不少被关进监改大院（俗称"牛棚"）的老教师，如冯友兰先生、冯定同志等，都不能参加群众学习。后来，将哲学系教师都集中到38楼居住，每天开三段会。当时哲学系的宣传队召开了多次大规模的批判会，批判冯定、冯友兰等，有一次也将郑昕揪出加以批判。经过内查外调，证明我历史上没有问题，没有将我关进"牛棚"，但是也开了两次小规模的批判会，仍然批我1957年的问题，说以后还要再批，但后来却没有下文了。后来才知道，周总理讲话有指示，说摘了帽子的就不是"右派"了，不应再批。有一次在第二教室楼开批判会，群众高呼"打倒冯友兰"、"打倒冯定"等口号。散会后，有一人在路上问郑昕说：怎么不喊打倒张岱年呀？郑昕笑而不答。我恰在旁边，听到了此人的问话。过了几天，此人也被揪出来了，他不得不承认隐瞒历史的错误。

北大两派斗争时，误杀了两个学生，宣传队进校后，揪斗严厉，教职员中多人自杀。北大教授大多数被称为"反动学术权威"，其中最有名的"四大反动权威"是翦伯赞、冯定、冯友兰、朱光潜。后来翦伯赞不堪压迫，自杀了。翦自杀后，宣传队受到上级领导的批评。宣传队找冯友兰说：你千万别自杀呀！冯说：我决不自杀。宣传队又到哲学系对我们说明翦伯赞自杀的情况，借以安定人心。于是运动逐渐转入正规。

"文化大革命"初起，我也认为这是"反修"、"防修"的需要，但是后来的发展让人触目惊心。在"文化大革命"中，每天开三段会，早请示、晚汇报，高呼"万寿无疆"、"永远健康"，我心里实不以为然，认为这是不符合马克思主义的。但是我不敢说出，表现了心口不一致，这是形势所迫，无可奈何！孟子说："率其子弟攻其父母，自生民以来，未有能济者也。"所谓"文化大革命"确实做到了"率其子弟攻其父母"，这是反常的，真是举国若狂，酿成了一场空前的灾难。

1969年9月末，宣传队号召教职工到江西鄱阳湖畔鲤鱼洲"五七"干校劳动锻炼。名单上有我，我就整理行装随着队伍乘火车前往江西。同行的老教师有冯定、王宪钧、熊伟、周先庚等。到鲤鱼洲之后，哲学系与历史系共组成第八连，住在一个大草棚里。江西冬春多雪，且往往夜间降雪。次日早晨发现头发上有不少雪花，因为头是向外的。初到鲤鱼洲，也参加运石子、编草帘、插稻秧等劳动，因年已六十，遂组入老年组。同组还有王宪钧、周先庚、桑灿南、吴天敏、李长林等，从事种菜劳动。鲤鱼洲土地是红土，有雨是泥，无雨是铜，泥地很滑，我经常摔跟头，有一次摔伤左腿胫部，痛了一百多天才好。俗语说"伤筋动骨一百天"，确是如此。在劳动时，两手都是泥土，喝水不易，于是养成习惯，早饭后喝一大杯，即参加劳动，午饭前一大杯，午眠后一大杯，晚饭前一大杯，各段中间不喝水。这一习惯回北京后仍保留至今。八连常让老年人值夜班，夜间坐在草棚外守望。我经常值夜班，夜阑人静，万籁俱寂，一片宁静，颇饶静观之趣。仰望天空，星云皎然。多年以来，我住在城内或近郊，房屋比栉，很难见到星斗，今一片空阔，仰望天空，北斗俨然在目，另有一番乐趣。1970年10月，八连领导宣布，石坚、张岱年、汤侠声等回校，于10月3日起程北归，回到北京。历史系严文明同志帮我捆绑行李，盛意可感。我在鲤鱼洲整整一年,冯定、王宪钧、熊伟等仍留在鲤鱼洲,次年才回京。

回到学校之后,参加工农兵学员的辅导工作,当时的情况是,老教师要听青年教师的,青年教师要听宣传队工人师傅的。昔日的学生凌驾于昔日的老师之上,少壮者对于老年人都是直呼其名。当时冯友兰先生已年近八十,年轻人对他仍直呼其名,学员们呼我为"老张",这就算很客气了。当时经常听宣传队领导的大报告。一天听王连龙副政委宣读关于林彪叛逃的文件,我既惊且喜!我久已怀疑林彪的奸诈了。

1972年,毛主席指示:"要学点哲学史。"于是北大接受了编写中国哲学史教材的任务,组成写作组,由冯友兰先生、楼宇烈、朱伯崑和我参加,后来汤一介、邓艾民回校后也参加了。由我撰写宋元明清部分。此书于1980年由中华书局出版。

1974年,"批儒评法"运动进入高潮,哲学系派我为各班同学讲解儒家和法家的历史资料。为这班讲了,又为那班讲,十分忙碌。有些典故,同学们查不到,如李卓吾著作中批评所谓"牛医儿",不知"牛医儿"何所指。我为之指出,"牛医儿"指后汉名士黄宪。"批孔"的高潮中,我如实讲解关于孔子的资料,坚持客观的态度,尽力避免"曲学阿世"。但对于一些有意的曲解,也不敢提出反驳。如《论语》记载:"长沮、桀溺耦而耕,孔子过之,使子路问津焉。"长沮、桀溺不答,于是孔子叹息道:"鸟兽不可与同群,吾非斯人之徒与而谁与?"当时杨荣国的文章说"鸟兽"即指长沮、桀溺而言,孔子指斥隐者为鸟兽。这完全是误解,我也只好听之任之。当时北大、清华两校大批判组写了许多文章攻击孔子,不顾事实,强词夺理,我虽然不以为然,也只能保持沉默而已。

1976年，毛泽东主席逝世之后，党中央一举粉碎了"四人帮"，全国人民无比欢欣，我感到获得一次精神的大解放，为平生一件大快事，非常欣喜。十年"文化大革命"，流行"知识越多越反动"的口号，学术受到蔑视，我深感研究学问前途无望，只有得过且过而已。此时研究学问、追求真理的夙愿又复活了。

1977年中华书局依据《张子全书》重加编订，编成《张载集》，让我加以审阅并写一篇前言，于是写了《关于张载的思想和著作》一文，是为我多年沉默之后重新发表论著之始。《哲学研究》计划复刊，丁健生同志邀我写一篇文章，于是写了《关于中国封建时代哲学思想上的路线斗争》一文，这是我在学术刊物重新发表论文之始。1978年12月，在太原召开了第一次中国哲学史讨论会，成立了中国哲学史学会，我被推为中国哲学史学会会长，任继愈、石峻、冯契等任副会长。在这次会议上，我提交了《论中国哲学史研究中的理论分析方法》论文。衷尔钜任秘书长，杨宪邦、楼宇烈任副秘书长，协助办理学会的具体事务。

1978年秋季，北京大学哲学系重新招收中国哲学史硕士研究生，由我主持考试，共取了程宜山、王德有、李中华、陈来、刘笑敢、吴谅、陈战国、鲁军、袁德全、陈小于等十人。我为研究生讲了两门课程，一是中国哲学史史料学，二是中国哲学史方法论。

1978年党中央拨乱反正，重审历年的冤假错案。1979年1月，北京大学党委宣布张岱年1957年属于错划，予以改正，恢复了我的名誉和待遇。于是我开始了新的生活。

80 年代的思考

进入 80 年代,我以高兴的心情努力工作。1978 年我为研究生讲授中国哲学史史料学与中国哲学史方法论之时,友人中国人民大学哲学系讲师姜法曾同志随班听课,并做了详细的笔记。之后,我依据我原来的讲课提纲及姜法曾同志的笔记整理成为《中国哲学史史料学》一书,于 1982 年由三联书店出版。又依据讲课提纲,参考姜法曾同志的笔记,另加增补,写成《中国哲学史方法论发凡》一书,1982 年由中华书局出版。

《中国哲学史史料学》评述了殷周以来有关哲学思想的文献资料,对于先秦诸子考证较详。30 年代,我曾写过关于老子年代的文章,认为《老子》书的年代在孔墨之后、孟庄之前。有学者认为《老子》年代在孟子以后、庄子以前,我指出那是不可能的,因为孟子与庄子是同时的。有学者认为《老子》在庄子之后,我坚决不以为然。后来看到郭沫若的《先秦天道观之进展》,其中说:"老子就是老聃,本是秦以前人的定论,《庄子》、《吕氏春秋》、《韩非子》都是绝好的证明。……老子与孔子同时,且为孔子的先生,在吕氏门下的那一批学者也是毫无疑问的。《韩非子》有《解老》、《喻老》诸篇,所解所喻的《老子》都和今本的《老子》无甚出入。而《六反篇》引老聃有言曰:知足不辱,知止不殆,在今本第四十四章。《内储说下·六微》:权势不可以借人……其说在老聃之言失鱼也,其下所引申的说明又引用着国之利器不可以借人的话,都在今本第三十六章中。……可见韩非眼中的老子也就是老聃。"我认为郭氏所举理由比较有力,老子与孔子同时而且年长于孔子,这在战国时代并无疑问。我又发现,《论语》中有批评"以德报怨"的话,正是孔子对于老子的批评,亦足为证。但是《老子》书中反对"仁义"的言辞,不可能出现在孔子的时代,应是战国时期老子后学附益的文句。《史记》曾说"环渊著上下篇",郭老认为这上下篇即是《老子》上下篇,这也有可能。环渊生存于战国前期,反对"仁义"的文句可能是环渊加上的。郭沫若认为环渊就是关尹,则未免缺乏证据,陷于臆断了。

我同意郭沫若先生关于老子的考证,但是反对他关于《周易》年代的论断。郭氏著《周易之制作年代》,认为《周易》古经是春秋时代的作品,他的论据是《周易》有几处讲"中行",如益卦云三"中行告公用圭",泰卦九二"得当于中行",复卦六四"中行独复"。郭氏认为中行即指春秋时晋国的荀林父。但这一见解实乃武断。《左传》"庄公二十二年"记载：周史有以《周易》见陈侯者，这在荀林父将中行之前八十多年，当时已有《周易》古经了。"中行"二字绝非指晋国的荀林父。我同意《周易》作于周初的见解。

《管子》书中有几篇富于哲学思想的文篇，即《心术》上下、《白心》、《内业》等。以前我未注意，冯友兰先生旧著《中国哲学史》亦未论及。郭沫若先生指出了这几篇的重要意义，这是郭老的一大贡献。但郭老认为这几篇是宋钘、尹文的著作，著《宋钘尹文遗著考》做了较详的考证。很多人肯定这是郭老的一个大发现。我将《庄子》、《荀子》等书中关于宋尹学说的记述与《管子》这几篇的内容做了比较，认为郭老这个论断其实证据不足，难以成立。我肯定这几篇在哲学史上的重要地位。同时亦肯定宋尹学派的贡献，但是认为这几篇不是宋尹的遗著。

在《中国哲学史方法论发凡》中，我提出了关于哲学史研究方法的一系列的观点。书中着重讨论了哲学史的范围、哲学的基本问题与基本派别、如何正确评价唯物主义与唯心主义、对于哲学思想的阶级分析方法、对于哲学思想的理论分析方法、正确理解"历史的与逻辑的统一"、哲学遗产的批判断承，以及整理史料的方法。对于其中的一些问题提出了自己的见解。例如，关于"哲学思想的理论分析方法"，我特别强调了哲学命题的普遍意义与特殊意义，认为哲学命题大都是普遍命题，都具有两重意义。一方面，它反映了某一客观的普遍规律或普遍联系，这是其普遍意义。另一方面，当一个思想家提出一个普遍命题的时候，他是根据某些特殊事例而提出的，这个普遍命题是某些特殊事例的总括，是这些特殊事例的总结，这是它的特殊意义。例如荀子讲"天行有常"，意谓天体运行有一定规律，这是它的普遍意义。而当时所了解的天体运行的规律是日月星辰在大地之上依时出没，是"地球中心论"。这是这句话的特殊意义。从现代天文学知识来看，讲"地球中心论"是错误的，但是肯定天体运行有一定规律，还是一个有深刻意义的正确命题。任何哲学命题都是某一时代的思想家依据当时某些特殊事例总结出来的。经过历史的发展，人们发现原来对于那些事例的认识包含一些错误，但是这个命题仍然反映了一定的普遍联系，必须承认这个命题的提出是对于人类认识史的一个重要贡献。哲学命题的普遍意义往往不止于一层，应该重视哲学命题的多层意义。例如程朱学派讲"性即理也"，就具有复杂的意义，其含义之一是说一类物的本性就是这类物的根本规律，这是正确的；其含义之二是说人的本性即"仁义礼智"等道德准则，这是一种道德先验论，就不正确了。程朱所谓"格物致知"，既是一个关于修养方法的命题，也是一个关于认识论的命题。对于任何哲学命题都应进行全面的辩证的分析。

对于哲学遗产的批判继承问题，我进行了比较深入的思考。早在 1957 年 1 月，在中国哲学史讨论会中，我曾发言谈论哲学遗产的继承问题。1957 年 6 月，我又撰写了《关于哲学思想的阶级性与继承性》。发表于《新建设》杂志。1979 年在《哲学研究》上，我又发表了一篇《论哲学思想的批判继承》。但是对于这个问题的思考到撰写《中国哲学史方法论发凡》时才渐臻成熟。我认为，每一时代的思想家，提出一个概念范畴或一个重要命题，总是从当时自然知识和社会知识中提炼、总结出来的,是一定范围许多事例的概括,而反映了一定的客观规律或普遍联系。时代前进了,原来的自然知识和社会知识可能已经过时了,但是,如果哲学家所提出的命题确实反映了一定的客观规律或普遍联系,我们就应该加以肯定,继承下来。我们对于这规律或联系的理解可能与古代对于这个规律与联系的理解有很大的不同,这正是表示,古今思想既有连续性,又有差异性。例如,老子说:"祸兮福所倚,福兮祸所伏。"孔子说:"学而不思则罔,思而不学则殆。"孟子说:"天时不如地利,地利不如人和。"这些命题,在当时都有其时代的内容,但都反映了一定的普遍规律。其所包含的时代内容随着时代的演变而逐渐转易,其所反映的普遍规律却更加显著。这些命题蕴涵着深刻的智慧,给予我们以重要的启迪。批判继承的基本原则就是发扬具有科学性、进步性的正确思想,批判一切非科学的、有保守性、反动性的谬误思想。具有科学性即是对于客观实际有正确认识,具有科学性的思想必然能促进社会的发展,因而也具有进步性。

冯友兰先生于1957年7月发表了一篇文章,题目是"关于中国哲学遗产的继承问题",认为有些哲学命题具有两方面的意义,一是抽象的意义,一是具体的意义。可以继承的是其抽象的意义。之后,冯先生这一见解遭到了围攻,被称为"抽象继承法"。其实把冯先生这一见解称为"抽象继承法"是不正确的。冯先生并不认为所有的哲学命题的抽象意义都可以继承,但是冯先生也没有谈论继承的标准。而继承的标准应该是思想的科学性与进步性。冯先生对于哲学命题具有抽象意义与具体意义的分析,还是符合实际情况的。我认为哲学命题都具有一定的普遍意义,而正确的哲学命题的普遍意义是应该继承的。

80年代初,友人熊伟同志劝我加入民主同盟,我同意了,于是成为盟员,但是很少参加民盟的活动。

1983年,经几位朋友的帮助,我参加了光荣、伟大的中国共产党。多年以来,我一贯信持辩证唯物论,又一贯拥护社会主义,我坚信只有社会主义才能救中国,没有共产党就没有新中国。参加中国共产党是我的必然的归向。

在1978年中国哲学史学会成立大会上,有几位同志提议推举我为会长,任继愈为副会长,冯友兰、贺麟等为顾问,得到多数同志的赞同。中国哲学史学会三年改选一次,第二次、第三次会议,都举行票选,绝大多数同志都投票选我继任会长。第四次会议前,我辞去理事职务,也就不再参加会长选举了。前后担任会长十年,1989年被推为名誉会长。十年之中我任会长时,确实是负责学会的领导工作,有事和石峻、衷尔钜等协商办理。

1985年翁荣溥、张剑尘等来访,说计划建立孔子研究所,要推我为所长,我表示支持。在这之前,1983年曲阜举办的孔子讨论会上,我曾说:"'尊孔'的时代已经过去了,'反孔'的时代也应过去了,现在应对孔子进行科学性的研究。"在孔子研究所成立大会上,我也表示此意。我不赞成"尊孔读经",也不赞成盲目"批孔"。嗣后孔子研究所改名为中华孔子学会,到今天已经十年了。

1982年北京大学开始招收博士研究生,由我担任哲学系中国哲学史博士研究生导师。当时北京大学任哲学学科博士生导师的共五人，即张岱年、黄楠森、王宪钧、洪谦、朱光潜。1982年我招收博士生二人，即陈来和刘笑敢。1983年我招收博士生二人，即王中江、庞万里。后来中国哲学史博士研究生由较年轻的导师指导了。

80年代，我发表了学术论文多篇，出版了几本论文集和专著。1958年商务印书馆编辑部在旧纸型中发现了我的《中国哲学大纲》，决定正式付印，是为《中国哲学大纲》商务刊本。1982年中国社会科学出版社建议出版修订本，是为再版本。1981年将50年代至70年代所写关于中国哲学史的论文编为一集，题为"中国哲学发微"，由山西人民出版社出版。1984年将30年代的一些论文与《宋元明清哲学史提纲》编为一集，名为《求真集》，由湖南人民出版社出版。又将80年代所写论文编为《玄儒评林》，亦由湖南人民出版社出版。这两书是由友人邓潭洲同志审校付印的。邓潭洲同志是在会议上相识的，他赞同我的学术观点，每来信都自称"私淑弟子"，我很感动，不幸他已于前年因病逝世了。1987年我又将1984年至1986年所写关于哲学与文化问题的文章40篇编为《文化与哲学》，由教育科学出版社出版。1986年又撰写了《中国伦理思想研究》，由上海人民出版社出版。1987年又撰写了《中国古典哲学概念范畴要论》，由中国社会科学出版社出版。这两本是专著。1989年又将1987年至1989年所写关于中国古代的伦理道德学说与价值学说及文化问题的文章编为一集，题为"思想·文化·道德"，由巴蜀书社出版。

80年代所写论著，篇目繁多，不必一一列举，谨将其主要内容陈述如下。

这些论著，主要包括三个方面：一是关于中国哲学史的，二是关于中国伦理思想与价值观的,三是关于文化问题的。

关于哲学史,我着重研讨了孔子、老子、《易传》、孟子、庄子、宋明理学和中国古典哲学概念范畴的问题。

(一)关于孔子。1978年学术界从疯狂的批孔的噩梦中清醒过来,开始了关于孔子的正常讨论。1980年我写了一篇《孔子哲学解析》,对于孔子思想进行了辩证的分析。我举出孔子思想的十个特点,这十点是:述古而非复古,尊君而不主独裁,信天而怀疑鬼神,言命而超脱生死,标仁智以统礼乐,道中庸而疾必固,悬生知而重闻见,宣正名以不苟言,重德教而卑农稼,综旧典而开新风。我认为孔子绝非复古主义者,虽然赞扬周道,但也主张对于周制有所损益。孔子认为如果人君欣赏"会莫予违",就有丧邦的危险,足见他是反对君主独裁的。孔子的中心观念是"仁",《吕氏春秋》说"孔子贵仁"是正确的。孔子兼重"仁"与"智",这是儒家的特点。孔子学说也有缺陷,就是轻视生产劳动,这给中国传统文化带来消极影响。孔子整理了《诗》、《书》、《春秋》等文化典籍,开创了大规模的私人讲学和士人参政的新风,在文化学术发展史上贡献是巨大的。1983年在曲阜召开的孔子讨论会上我发言说:"尊孔"的时代已经过去了,盲目"反孔"的时代也已经过去了或应该过去了,现在已经到了科学地讨论孔子思想的时代。后来,我又发表了关于孔子的文章多篇,阐述了孔子对于中国文化的卓越贡献,同时更批判了汉代"罢黜百家,独尊儒术"的经学传统的缺欠。近些年来,"尊孔"论者和"反孔"论者仍然大有人在,这也是思想自由所容许的,但大多数学者对于孔子能采取客观的态度了。

(二)关于老子。关于老子的年代问题,我重新肯定了孔老同时的传说,已如前述。对于老子哲学的本质,老子哲学是唯物论还是唯心论,我的见解有几次变化。在《中国哲学大纲》中,我认为老子的"道"就是最普遍的规律,用流行的名词说即认为老子哲学是一种观念论或客观唯心论。50年代,在中国哲学史教研室的讨论中,我曾经认为老子的道即是原始的浑沌,于是肯定老子哲学属于唯物论。《中国唯物主义思想简史》中即承认老子是一个唯物主义哲学家。1979年我写《老子哲学辨微》,指出老子所谓"道"不是物质性的实体,也不是超时空的绝对精神,而可以说是"非物质性的绝对"。近来我又考虑这个问题,认为从思想的传承来看,老子的"自然"观念是汉代王充唯物论学说的前导,老子的"有生于无"观点又是魏代王弼唯心主义学说的前导。应该承认,老子哲学既有唯物主义的方面,也有客观唯心主义的方面,不应简单化。

（三）关于《易传》。《易传》的年代问题,学术界议论纷纭。我于1979年撰写《论〈易大传〉的著作年代与哲学思想》,对于《易传》的年代做了较详的考证,认为《易传》是战国前期的著作,反对《易传》出于秦汉时期的说法。我认为,惠施"历物"所谓"天与地卑"乃是《系辞》"天尊地卑"的反命题;《庄子·大宗师》所谓"道有情有信……在太极之先而不为高"乃是对于《系辞》所谓"易有太极"的反驳,可证《系辞》中至少有些部分是战国前期的作品。我对《易传》中的本体论学说与辩证思想做了较详的阐发,肯定了《易传》在中国古代哲学史上的卓越价值。

（四）关于孟子。近年我未写关于孟子的专文,但在许多篇章中宣扬了孟子的精湛思想,特别阐发了孟子的"良贵"学说。认为孟子所谓"良贵"即指人的内在价值,孟子肯定人都具有内在价值,从而提出"所欲有甚于生者,所恶有甚于死者",即认为人格尊严高于生命,为了保持人格尊严宁可牺牲生命,这一思想在中国传统文化中起了非常重要的作用。

(五)关于宋明理学。1981年以来,我发表了几篇关于宋明理学的文章,如《论宋明理学的基本性质》、《关于宋明时代的唯物主义及其与唯心主义的关系》等,主要是说明几个问题:第一,宋明理学是与当时的生产关系相适应的,起了维护当时社会秩序的作用,当时还没有产生新的生产关系,所以不能说宋明理学是反动的;只有明代后期出现了资本主义生产关系的萌芽以后,理学才可以说逐渐转为反动的了。第二,理学家虽然受了道家、佛教的一些影响,但基本上是反对释老的,实际上他们是依据孔孟的基本观点回答了道家佛教所提出的问题;理学思想是对于孔孟学说的复归,是孔孟学说的进一步的发展,所以不能说宋儒是"阳儒阴释",也不应讲"朱羽陆释"。第三,理学家基本上不信鬼神、不讲上帝(理学家所谓天指理或气化而言,不是上帝),更不谈死后问题,所以不是宗教。儒、道、释在唐代并称为"三教"。所谓"教"是教化之义,不是现代所谓宗教。佛教、道教都是宗教,但是与道教关系密切的道家并非宗教。儒学更不是宗教。第四,一般的见解认为宋明理学分为程朱、陆王两大派,我以为不然。在程朱、陆王两派之外还有以张横渠(载)、王浚川(廷相)、王船山(夫之)为代表的另一学派。程朱学派可称为客观观念论,陆王学派可称为主观唯心论,张王学派可称为唯物论或唯气论。以前讲明代哲学的都不讲王廷相,事实上,照其理论深度来看,王廷相乃是明代最卓越的哲学家。我在《中国哲学大纲》及《中国唯物主义思想简史》中都简要地论述了王廷相的思想。现在多数论者都承认王廷相的历史地位了。

（六）关于中国哲学范畴及其体系。多年以来，我重视中国哲学固有范畴的分析研究，在学术界曾引起广泛的反响。1985年我发表了《论中国古代哲学的范畴体系》，1987年又撰写专著《中国古典哲学概念范畴要论》，由中国社会科学出版社出版。我注重研述了中国哲学中重要概念、范畴的含义及其演变。"范畴"是一个翻译名词，是参照《尚书·洪范》所谓"洪范九畴"而翻译的，在中国古代哲学中，一般称之为"名"或"字"。韩愈在《原道》篇中提出了"虚位"与"定名"的区别。他说："仁与义为定名，道与德为虚位。""定名"是有确定内涵的名称，"虚位"即是空格子，不同学派可以填入不同的内容。"定名"即今所谓"概念"，"虚位"即今所谓"范畴"。但概念与范畴的区别也是相对的。中国古代哲学有自己的与西方哲学和印度哲学不同的概念、范畴，有些基本范畴，如"气"、"理"、"神"、"太极"、"道"等难以译成外文，这正表现了中国哲学的特点。研究中国哲学必须对于中国哲学中的固有概念、范畴的含义有明确的理解。

关于中国的伦理思想与价值观，我进行了比较深切的分析和评述。旧著《中国哲学大纲》中对于历代的人生理论叙述较详，但是对于其中一些比较深刻的问题的理论分析仍嫌不足。1985年我撰写《中国伦理思想研究》，对于有关伦理道德的问题做了进一步的探索，提出了一些个人的较新观点。书中提出的新观点主要有三：

（一）关于道德的阶级性与继承性的问题，我提出"道德的普遍性形式与特殊性内容"，认为道德观念和道德规范有一个显著的特点，即一方面具有普遍性形式，一方面又具有特殊性的内容。道德准则的一般方式是：对于一切人都应如何如何，而在实际上只是对于一定范围的人如何如何。孔子宣扬"仁者爱人"，主张泛爱众，即爱一切人，实际上仅只爱一定范围的人。墨子宣扬"兼爱"，主张爱无差等，实际上也不可能爱一切人。这是道德规范的通例。从古以来，道德原则都是具有普遍性形式的。不同阶级的道德往往具有共同的形式，而各自蕴涵特定的内容。

（二）关于人性论，我研讨了人性与阶级性的关系问题。我认为，世界上任何物类都有其共性，人类也有其共同的本性。孟子说："然则犬之性犹牛之性，牛之性犹人之性与？"犬有犬之性，牛有牛之性，如何能说人没有人之性呢？从实际情况来讲，阶级是人类历史上一定阶段才出现的，在阶级出现以前，人类已经经历了长期的发展过程。能说在漫长的原始社会时代，人类就没有人性吗？无论从理论或实际来讲，人类具有共性是必须承认的。

我提出了"人性是具体的共相"。人性是一个共相，也就是一种普遍性。凡共相或普遍性都是一个抽象，但是科学的抽象不仅是抽象，而且含有具体的内容。这个，黑格尔称之为具体的共相或具体的普遍性。这个概念正符合于人性的实际。以往哲学家大多把人性看做一个抽象的共相，因而提出了许多片面的见解，实际上人性乃是一个具体的共相。具体的共相包含许多规定，是许多规定的综合。人性概念之中，包含人类共性、不同民族的民族性、不同时代不同阶级的阶级性,要之包含人类的共性以及各种类型的特殊。这是我提出的一个新观点。(按普遍、特殊、个别是三个层次,《墨经》论名,区分为"达、类、私"三级,正与普遍、特殊、个别相应。具体的共相包括普遍与特殊两个层次,并不包括个别,因个别不属于共相。作为具体共相的人性不包含每一人的个性。)

(三)我对于所谓"纲"、"常"进行了分析。中国中古时代,统治阶级的最高道德原则是"三纲"、"五常"。"三纲"即"君为臣纲,父为子纲,夫为妻纲"。"五常"即仁、义、礼、智、信。五四新文化运动批判旧道德,其主要批判对象即"三纲",清除尊君思想、反对家长制、提倡男女平等。这确实具有伟大的革命意义。"五常"的问题比较复杂。清末进步思想家谭嗣同猛烈抨击"三纲",但是他的著作以"仁学"为题,乃以"仁"为最高理想。仁、义、礼、智、信等原则,固然有其阶级性,但不能一概认为是反动的。"文化大革命"以来,直至今日,有些人指斥"封建纲常",这种无分析的态度是不可取的。"五常"之中最单纯的是"信","信"即诚实,即说话符合事实,这是人与人之间相互对待的基本道德,是必须肯定的。"五四"以来,有些论者写文章批判"诚",其实人与人之间以诚相待,是社会生活正常运行的必要条件。仁、义、礼都是有阶级性的,我认为"仁爱"学说是古代的人道主义,这种人道主义有其时代的和阶级的局限性,但是"仁爱"学说反对暴政苛政,还是有一定的积极作用。儒家所谓"义"含有尊重人们的社会地位,尊重人们的所有权的含义,但也含有尊重人的独立人格的意蕴。孔子讲"杀身成仁",孟子讲"舍生取义",只有在两种情况之下才必须如此,一是为了救国救民,一是为了保卫自己的独立人格。为了挽救民族的灾难或者为了拯救别人的生命,或者为了保持自己的人格尊严而敢于自我牺牲,宁死不辱,这些都是高尚的道德行为,是必须肯定的。关于"礼",古代的繁文缛礼是必须反对的,但是人间交际的礼节是不可缺少的。"智"指道德觉悟,古代所讲的道德觉悟有其阶级性,时至今日,应该有更高的道德觉悟。

关于中国哲学中价值观的研究,是我于80年代初首次提出的。1982年我撰写了《简评中国哲学史上关于人的价值的学说》,1985年又发表了《中国古典哲学的价值观》(两篇都收入《文化与哲学》论集)。1989年我又撰写了《中国哲学中的价值学说》。价值观的名称是近代才有的,而关于价值的思想,则不论中国或西方,都古已有之。有的论者认为价值观念是近代资产阶级学者提出来的,其实不然。"价值"是后起的名词,在中国古代,与现在所谓价值意义相当的是"贵"。"贵"字的本义指爵位崇高,后来引申而指性质优越的事物。行为的价值称为"善",艺术的价值称为"美",认识的价值在道家称之为"真",在儒家称之为"诚"。先秦时代,儒、道、墨、法四家的价值观彼此不同。儒家主张"义以为上"、"仁者安仁",认为道德是至上的,肯定道德具有内在价值。墨家以"国家百姓人民之利"为最高价值,断言"义,利也",所谓"义"指公利,以公利为价值的标准。道家则宣称"物无贵贱",认为一般所谓价值都是相对的,只有绝对的"道"才具有超越一切的价值。法家认为儒墨所谓道德都是无用的,只有"力"才具有价值。儒家的价值观可称为内在价值论,墨家的价值观可称为功用价值论,道家的价值观可称为超越价值论,法家的价值观可称为唯力价值论。儒家与墨家之间展开了"义"与"利"的争论,儒家与法家之间展开了"德"与"力"的争论。后汉王充兼重"德"与"力",提出"德力具足"的价值观,但没有引起较大的反响。价值观的一个重要问题是人的价值的问题。对于这个问题,儒家讲得较多。《孝经》引述孔子的言论说:"天地之性人为贵。"这句话是否为孔子所说,无从考证,但是表现了儒家的一贯观点,肯定了人具有高于一般生物的价值。孟子提出"良贵"观念,认为"人人有贵于己者",意谓人人都具有自身的"贵",即人人都具有内在的价值,其内容即道德意识。孟子强调要把人当人看待,不应把人当犬马看待。他说:"食而弗爱,豕交之也;爱而不敬,兽畜之也。"人对于人,应该相互尊重。扬雄批评法家说:"申韩之术,不仁之至矣!若何牛马之用人也!"儒家肯定人的价值,肯定人的人格尊严,这是中国古典哲学优秀传统的一项内容。1988年,我又写了《中国古典哲学中的人格观念》《中国传统哲学中的人的观念》,都是对于中国哲学中人的价值的学说的阐释。对于中国哲学中价值观的探讨,是对中国哲学史研究的新的开拓。1988年前后,社会上忽然出现了一种怪论,说什么中国传统思想中根本没有真正的人的观念,没有人格的观念,没有人的自觉,意谓中国人民根本不是真正的人。这种论调反映了一部分人的殖民地意识,恨不得当殖民地的奴才,甚至有人说中国最好当300年的殖民地。这种荒谬的论调引起了我的极大愤慨,所以写了几篇阐明中国哲学中人的观念的文章。

  关于文化问题,1984年冬季以来,我参加过多次文化研讨会,讲论有关文化的问题,并发表了论文多篇,比较重要的有:《中国文化与中国哲学》《中国文化的回顾与前瞻》《中国传统文化的分析》、

《中国文化的历史传统及其更新》、《文化传统与民族精神》等。这些篇章都收在《文化与哲学》论集中,兹略述其主要内容,可析为五个要点:(一)中西文化之异同,(二)中国文化发展的基本规律,(三)文化系统的分析与选择,(四)文化传统与民族精神,(五)文化的综合创新。

(一)中西文化之异同

五四新文化运动以来,很多学者认为西方文化是主"动"的,中国文化是主"静"的;西方文化是物质文明,中国文化是精神文明。我以为不然。中国固然有主"静"的哲学家,如老子、庄子、王弼、周敦颐等,但是也有主"动"的哲学家,如墨子及王夫之、颜元等。而大多数思想家是主张"动静合一"的。《易传》说:"动静不失其时,其道光明。"这是儒家的基本主张。程颐《周易程氏传》论复卦说:"一阳复于下,乃天地生物之心也。先儒皆以静为见天地之心,盖不知动之端乃天地之心也。非知道者孰能识之?"这是对于王弼"主静论"的反驳。理学家多数主张"动静合一",所以不能说中国文化是主"静"的文化。中国固然重视精神文明,但在科学技术方面亦曾有很多重要贡献。中国的"四大发明"传到欧洲之后曾对西方近代文明的发展起了推动作用,能说中国没有物质文明吗?而西方的哲学、科学、艺术从古以来都有高度的发展,其精神文明不亚于中国。中西文化的主要差异在于:中国传统文化比较重视人与自然、人与人之间的和谐与统一,西方近代文化则比较重视人与自然、人与人之间的分别与对抗。中国传统义化既有时代性,又有民族性,认为中西文化的路向不同或只有社会发展阶段上的差别,都是不正确的。

张岱年关注中华民族文化的发展,对这一问题进行了系统的思考。他认为《易传》里所讲的"自强不息"、"厚德载物"就是中华民族精神的主要内容。这是他接受凤凰卫视记者的采访。

(二)中国文化发展的基本规律

我认为,在中国文化演变的过程中,哪个时代思想比较自由,那个时代的文化就比较发展。文化的发展与思想的自由有必然的联系。春秋战国时期,知识分子(士人)受到尊重,思想自由活泼,于是出现了"百家争鸣"的盛况。北宋时期,政权对于学术的控制比较宽松,因而文化学术也有较大的发展。在文化演变过程中,既需要吸收外来文化,又需要保持自己本文化的独立性,这样文化才能有健康的发展。

(三)关于文化体系的分析

我提出如何分析文化体系的要素的问题,每一民族的文化形成一个文化体系,任何文化体系都包含若干方面,每一方面又包含若干要素,可称为文化要素。"要素"是近代的名词,如用中国的旧名词来说,可以称为"条目"或"节目"。一个文化体系所包含的文化要素,有些是彼此密切结合不能相互脱离的,有些则是彼此抵牾、相互矛盾的。一个文化体系所包含的文化要素,有些是不能脱离原体系而存在的,有些则可以经过改造而容纳到别的文化体系之中。同一文化体系或不同的文化体系所包含的文化要素之间有可离不可离及相容与不相容的关系。有一些文化要素,各属于不同时代、不同地域,不能脱离原来的体系,不可能勉强拼凑在一起。清末有"中学为体、西学为用"之说,企图将"三纲"、"五常"的旧伦理与近代科学技术结合起来,事实上君主专制制度与近代科学的发展是不相容的。近代西方科学的发展有其政治经济及哲学的基础。近代科学的发展与学术思想的自由是不相离的,科学的发现与发明只能产生于学术自由的环境中。西方近代科学与西方的宗教、风俗等共同构成一个文化体系,但是科学是在与宗教斗争中发展起来的。科学与西方的一些社会风俗也没有不可分离的关系。我们没有必要把近代西方的宗教风俗都移植过来。当然西方社会的一些良风美俗还是值得学习的。我们更应肯定宗教信仰的自由。我们必须慎重考察古今中外不同的文化体系所包含的文化要素之间的相容与不相容以及可离与不可离的关系。

(四)关于民族精神

我提出民族精神的观念,以前是否有人提过民族精神的观念,尚待考察,但我是根据个人的体会而提出这个观念的。我认为,世界上各个伟大的民族都有其作为民族文化之主导思想的民族精神。中华民族屹立于世界东方,延续发展了几千年,必然具有其独特的民族精神。所谓民族精神,就是民族文化的最高的主导原则,为大多数人民所尊奉,能够激励人心,在民族的文化发展中起着主导作用。民族精神必须具备两个条件:一是有比较广泛深远的影响;二是能激励人们前进,有促进社会发展的作用。我认为《易传》所讲"自强不息"、"厚德载物"就是中华民族的民族精神的主要内容。《易传》讲:"天行健,君子以自强不息。""地势坤,君子以厚德载物。"自汉代以来两千多年中,《易传》被认为是孔子所著,因而具有最高的权威,有广远的影响。"自强不息"就是永远努力向上、决不停止。这句话表达了奋斗拼搏的精神,在政治生活方面对外来侵略决不屈服,对不良势力决不妥协;在个人生活方面强调人格独立,不可夺志。"厚德载物"就是有广大的胸怀,兼容并包。在中国,儒、道、释三家彼此相容,这种现象只有中国才有。西方历史上有宗教战争,中国则无有,这是中国文化的一个特点。"自强不息"是奋斗精神,"厚德载物"是宽容精神。这是中国文化的基本精神,可以称为"中华精神"。这是指导中国人民延续发展、不断前进的精湛思想。历史是复杂的,在君主专制时代,也发生了许多违背"自强不息"、"厚德载物"的种种事件,但是仍然掩盖不住每一时代的"志士仁人"的刻苦奋斗、宽厚兼容的高尚精神的光辉。

(五)文化的综合创新

我反对中体西用论、国粹主义,更反对"全盘西化论",提出了"文化综合创新"论。社会主义文化必然是一个新的创造,同时又是多项有价值的文化成果的新的综合。我多次引用列宁的一段名言:"应当明确地认识到,只有确切地了解人类全部发展过程所创造的文化,只有对这种文化加以改造,才能建设无产阶级的文化……无产阶级文化应当是人类在资本主义社会、地主社会和官僚社会压迫下创造出来的全部知识合乎规律的发展。"(《青年团的任务》,《列宁选集》第4卷,第348页,人民出版社1972年版)列宁这段话,是我们建设社会主义新文化的指导方针。我们对于中国地主社会、官僚社会压迫下创造出来的学术思想,对于西方近代资产阶级的文化成就,都应认真研究。中国传统文化中有些不可磨灭的贡献,必须选择肯定下来;而对西方的文化成就更须虚心学习,迎头赶上。时至今日,认识传统学术的缺欠并不难,而理解传统学术中的精湛意蕴,却非易事。我认为,一切符合客观实际的正确思想,一切适合社会发展需要的文化成就,必然都是相容不悖的。恩格斯在《路德维希·费尔巴哈和德国古典哲学的终结》的结束语中说:"德国工人运动是德国古典哲学的继承者。"(《马克思恩格斯选集》第4卷,第254页,人民出版社1972年版)意谓德国工人运动应该继承包括康德、黑格尔在内的德国古典哲学。我们中国人,当然也应学习德国古典哲学,但是仅仅学习德国古典哲学是否足够了呢? 我认为,我们中国人,不但应当学习德国古典哲学,而且更应该是中国古典哲学的优秀传统的继承者。

进入 90 年代

进入 90 年代,我发表了一系列的文章,主要讨论四类的理论问题:(一)关于价值观与新道德建设的问题,(二)关于中国传统哲学的基本问题与基本派别,(三)关于中国文化与中国哲学的优秀传统的分析,(四)关于中国文化与中国哲学发展的前景。这些文章表现了我 90 年代的思考,这里略述其主要内容。

(一)关于价值观与新道德建设

1990 年我发表了一篇《论价值的层次》,提出价值有不同的层次。文章说:近几年来,在国内关于价值的讨论中有一个多数论者同意的观点,即从需要的满足来界定价值,认为所谓价值即客体对于主体的需要的满足。但是，对于需要也有一个评价问题。对于需要的评价，就不可能以满足需要为标准了。有些需要是比较高级的，有些需要是比较低级的，如何评论需要的高低呢？有整体的需要，有个体的需要。整体的需要即是社会的需要、国家的需要、民族的需要。整体的需要是由个体的需要汇聚而成的，整体的需要大于个体的需要，也就是说，社会整体的需要，国家民族的需要高于个人生活的需要。从另一观点，可以说有物质的需要，有精神的需要。物质的需要是人与其他动物共同具有的，而精神的需要则是人所特有的，是人与禽兽不同的特点。从这个意义上，可以说精神需要高于物质需要。总起来说，价值有三个层次：（一）价值是客体满足主体的需要，凡能满足主体的需要，即是有价值的。这是价值的第一层含义。（二）对于需要也有一个评价的问题。有的需要有较高的价值，有的需要有较低的价值。衡量需要的价值的高低，这是价值的第二层含义。（三）既然对于需要有评价问题，对于具有需要的主体，也可以进行评价。主体本身的价值，这是价值的第三层含义。中国古代哲学提出"天地之性人为贵"，近代以来也流传一句名言"在世界上人是最宝贵的"。这所谓"贵"，不是说人类能满足什么需要，而是说人类具有其他物类所未有的性质与能力。自古以来，有三项价值最受人们的重视，即真、善、美。真、善、美都包含对于一定需要的满足，而又不仅是对于需要的满足。真、善、美三者可以称为最高价值。

1992年我又发表了一篇《论价值与价值观》，明确区分了内在价值与功用价值，认为价值具有两重含义。价值的基本含义是能满足一定的需要，这是功用价值。价值的更深一层的含义是本身具有优异的特性,这是内在价值。大部分事物,对于人而言,具有功用价值。而人本身,生命本身,不但在一定条件下可以具有功用价值,而且具有内在价值。我认为,自古以来,世界上的各个文化区,都存在着关于价值观的论争。大致说来,古往今来的价值观有三大类,一是宗教的价值观,二是哲学的价值观,三是庸俗的价值观。宗教的价值观信仰"上帝",以"上帝"为价值的源泉;庸俗的价值观追求声色货利,崇拜金钱和权势;哲学的价值观则摆脱了宗教的价值观,超越了庸俗的价值观,而展开了关于价值的理论思考。哲学的价值观是围绕着义利、理欲与德力等问题而展开的。对于义利、理欲、德力的争论,应做进一步的理论分析。从价值观来看,这些争论包含两个重要的理论问题,一是个体与群体的关系,二是物质生活与精神生活的关系。社会是由个人组成的,个人不能脱离社会而存在。应该肯定,群体大于个体,因而群体高于个体,但也不能忽视个体。物质生活是精神生活的基础,而精神生活又高于物质生活。新时代的价值观必然以对于个人与社会、物质生活与精神生活的关系的正确理解为基础。

  1994年我又发表了一篇《论重新估定一切价值》,对于如何重新估定一切价值提出自己的意见。大意是:重新估定一切价值,是尼采提出的口号,在五四新文化运动时期受到许多中国学者的欢迎。近年我国实行改革开放,这也就有一个如何重新估计一切价值的问题。尼采称西方传统道德谦卑、恭顺、同情、怜悯等为奴隶道德而加以反对。在中国,受尼采的影响,儒家所宣扬的道德也被指斥为奴隶道德而受到严厉的谴责,于是否定了所谓"三纲",这是一项巨大的进步。很多人以"五常"与"三纲"并提,斥为"封建纲常",这就值得分析。这里有一个如何看待人与人的关系,如何才可称为强者以及强者应如何对待弱者的问题。中国自古以来有一个提倡扶危济困的传统,能扶人之危、济人之困,才可称为英雄豪杰。如果逞强欺弱,那是要受到鄙视的。尼采反对奴隶道德,有一定的道理;但是把谦让、同情都看做奴隶道德,那就错误了。尼采提倡所谓超人,希望出现高于人类的超人,这是一种鄙视人类的思想,表现了一种狂妄的态度。重新估定一切价值,不是对于几千年来价值观思想的简单否定,而是对于以往的价值观思想去粗取精、去伪存真,以期达到一个比较正确的理解。

1994年我又发表了一篇《新时代的义利理欲问题》,大意说:关于义利与理欲问题的讨论已经延续了两千多年,在今天,义利关系与理欲关系仍然是现实生活中起作用的重要问题。义利问题与理欲问题都涵蕴更基本的理论问题。义利问题所涵蕴的问题有二:一是公利与私利的问题,二是物质生活与精神生活的问题。理欲问题所涵蕴的问题亦有二:一是生命与欲望的关系问题,二是生命与品德的关系问题。这公利与私利、物质生活与精神生活、生命与欲望、生命与道德四项基本关系,在今天的新时代也还是存在的。这四项基本关系都是对立统一的。公利大于私利,但是公利包含私利,不能否认正当的个人利益。精神生活高于物质生活,但是物质生活还是精神生活的基础。生命重于欲望,但是生命有待于欲望的适当满足。道德高于生命,但是生命还是道德的本原,如果世界上无所谓生命,也就无所谓道义。因此,义与利必须并重。正确的原则应该是"遵义兴利",遵照一定的原则谋求国家人民之利与个人的正当利益。理与欲也必须兼顾。理欲关系的原则应是"循理节欲"。在经济发展的新时代，重新辨明义与利、理与欲的关系，是具有重要意义的。

五四新文化运动曾提出批判旧道德、建立新道德的历史任务。由于道德问题比较复杂，建立新道德的任务迄今尚未完成。我们今天建设有中国特色的社会主义，更需要创建有中国特色的社会主义的新道德。1992年，我发表了一篇《试论新时代的道德规范建设》，提出了我关于新时代道德规范的初步设想。我列举了"九德"，即公忠、仁爱、信诚、廉耻、礼让、孝慈、勤俭、勇敢、刚直。我认为：中国君主专制时代占统治地位的道德是地主阶级的道德，地主阶级的道德是维护等级差别的。近代资产阶级的道德否定了等级差别，但是承认阶级剥削，是维护阶级剥削的道德。社会主义新时代的道德既否定等级差别，也要求废除阶级剥削，乃是更高一级的最进步的道德。社会主义新时代的道德也应有一系列的道德规范。历史上流传下来的表示传统道德规范的一些名词概念仍然可供借鉴，可供择取。而且民族语言有一定的连续性，如果重新另造一些生硬的名词，也未必能为一般人民所接受；而表示传统道德规范的一些名词概念，如果加以新的解释或加以适当的改造，仍是有用的。新时代的道德，最重要的一条是爱国主义，用"公忠"二字表示爱国主义思想行动是比较合适的。"忠"的本义是对于别人要尽心负责，汉代以后成为臣对于君的道德。辛亥革命推翻了专制君权，是伟大的进步，忠君之义久已废除了，但是忠于祖国，忠于民族，忠于人民，还是绝对必要的。为了区别于忠于个人的"忠"，可以称为"公忠"。新时代道德另一最重要的条目是团结互助，为人民服务，以助人为乐，以至于忘己济人、舍己救人。这也是新时代最重要的道德。在传统道德中,与此最接近的是"仁爱",对于传统的所谓"仁爱"加以新的解释,可以作为新时代道德的名称。"信"是任何时代、任何社会所必须遵守的道德,亦可称为信诚。廉耻是人民群众所最重视的道德。对于传统道德中礼的观念加以改造,以谦让为要,可称为礼让。"孝"的道德加以适当的改造,仍应保持下来,要取消绝对服从的意义,发扬爱敬父母的意义。父慈子孝,仍属必需。勤俭、勇敢、刚直也都是时代所需要的美德。新时代的道德,一方面肯定个人的人格独立,肯定个人的人格尊严;另一方面要求个人具有诚挚的社会责任心。人格独立与社会责任的统一是新时代道德的基本精神。

1994年我又发表了一篇《建设新道德与弘扬传统美德》,认为:建立适合于社会主义市场经济体制的新道德乃是当务之急。新道德建设包含对于传统道德的批判继承和新的道德规范的确立。提出应确立"新三纲",今天必须肯定三个基本原则:(一)爱国主义,(二)为人民服务的集体主义,(三)社会主义人道主义。它们应该是今日必须确立的"新三纲"。"新三纲"确立之后,应该确定新的道德规范,其中包括传统德目的改造与传统美德的弘扬。传统道德中首要的是"仁","仁"的含义是爱人,但又承认等级差别。在今天看来,爱人是应该肯定的,等级意识必须加以否定。与"仁"的意义相近的是"慈",《老子》反对"仁"而赞扬"慈","慈"可作为基本德目之一。忠于祖国、忠于人民、忠于民族之"忠"更必须肯定下来。爱敬父母之"孝"是起码的道德。信、廉、勇、勤、俭都是自古以来广大人民所赞扬的道德。人际关系中的礼节也是必要的。这样,应该肯定的道德规范是：忠、信、慈、孝、廉、礼、勤、俭、勇。此篇所举德目与上一篇《试论新时代的道德规范建设》略有不同，这表明我对于新时代道德规范建设问题只能提出一些尝试性的意见，不敢固执己见。现在重新思考这个问题，我认为，新时代的道德建设，必须明确肯定六项基本道德：一忠（公忠），二信，三仁（仁爱），四孝（孝亲），五礼，六廉。这六项基本道德是传统美德的批判继承与重新解释。忠指忠于祖国、忠于人民、忠于民族。仁指平等友爱。孝指敬养父母。礼指适当礼节。信与廉的意义比较单纯，是古今人民所共同肯定的。

以上是我90年代关于价值观及新道德建设的一些思考。

（二）关于中国哲学基本问题与基本派别

在《中国哲学史方法论发凡》中，我曾经对于中国哲学的基本问题与基本派别有所阐述，90年代我又做了进一步的思考，对于中国哲学的基本问题与基本派别提出了新的见解。1991年我发表了一篇《中国哲学基本问题辨析》，认为：思维对存在、精神对物质的关系问题，是西方哲学关于哲学最高问题的表述方式。中国哲学关于哲学最高问题具有自己的表述方式。在中国哲学中，"理气"问题，可谓相当于西方所谓思维与存在的问题；"心物"问题，可谓相当于西方所谓精神与物质的问题。关于"理气"问题，张载以"气"为最高本原，以为"理"从属于"气"。程颢、程颐以"理"为最高本原，以为"气"从属于"理"。可以说"理气"问题是思维与存在问题的中国形式，也可以说思维与存在问题是"理气"问题的西方形式。关于"心物"问题，张载说，"人本无心，因物为心"，认为心的内容在于对物的认识。朱熹认为心与物对立，"盖人心之灵莫不有知，而天下之物莫不有理"。王守仁提出"心外无物"之说。三说的不同是非常显明的。

1992年我又发表了一篇《论中国哲学史上的学派论争》,大意说:从50年代以来,哲学史研究都强调唯物主义与唯心主义的斗争。但是,哲学史的全部内容是否可以完备无遗地归结为唯物主义与唯心主义的斗争呢?这个问题是一个值得讨论的问题。西方从19世纪后期以来,在唯心主义与唯物主义之外,还存在着二元论、不可知论、多元论、生命哲学等。我们应该从实际出发,对于事实不应采取不承认主义。可以这样说,唯物主义与唯心主义是哲学的两个最重要的派别,是两个极端。在唯心与唯物的两端之间还存在着二元论、不可知论、多元论、生命哲学等流派。近年一般的见解认为程朱之说是一种客观唯心论。但是程伊川将"心"与"天"对立起来,朱子更严格区分了"理"、"气"、"心"的不同层次,以"理"为世界的最高本原,有"理"必有"气",有"气"然后有"心","心"不是最高范畴。将朱子哲学称为客观唯心论,不足以揭示朱学的本质。对于哲学史上的学派应进行实事求是的评析。此文的主旨在于纠正50年代以来哲学史研究中简单化的倾向。

(三)关于中国文化与中国哲学中的优秀传统

在1991年至1993年我发表了几篇论述中国文化与中国哲学中的优秀传统的文章,如《正确对待祖国民族文化遗产》、《论弘扬中国文化的优秀传统》、《传统文化与社会主义》、《中国文化优秀传统的生命力》、《中国古典哲学中的优良传统》,这些篇章的主要内容是提出如下的意见:

我们要坚持走建设有中国特色的社会主义道路,就必须正确对待祖国民族文化遗产。建设社会主义的新中国文化,必须在马克思主义普遍原理的指导之下,在吸取西方文化的先进成就的同时,努力弘扬中国文化的优秀传统。新时代的文化,只能建立在对于旧时代文化的批判继承的基础之上。传统文化的积极贡献是中华民族自立于世界的基础,也是中华民族坚强凝聚力的根源。

如何判断文化的积极内容,有两条标准。一是看思想观念是否符合客观实际,二是看思想观念是否符合社会发展的需要,即是否有益于社会的发展。这两条是一致的。凡是符合自然及社会生活的实际从而能促进社会发展的,即是正确的思想意识,构成民族文化中的优秀传统。

中国文化和中国哲学中的优秀传统主要有四项:(一)唯物主义和无神论的思想传统,(二)辩证思维传统,(三)人类本位思想传统,(四)坚持民族独立的爱国传统。

中国古代唯物论远有端绪,《管子》提出"天不常其常,地不易其则",荀子宣扬"天行有常",都是明确的唯物主义观点。宋代张载批判了佛教"以心法起灭天地"、"诬天地日月为幻妄"的唯心论,建立了以气为天地本原的"气一元论"。明代罗钦顺、王廷相,明清之际的王夫之,清代的戴震都继承发扬了"气一元论"学说,构成唯物主义传统。

中国哲学富于辩证思维,老子提出"反"的观念,孔子提出"叩其两端"的辨惑方法,《易传》提出"一阴一阳之谓道","刚柔相推而生变化","生生之谓易"等光辉命题,达到先秦辩证法的最高成就。张载更提出了"两一"观念,"两不立则一不可见,一不可见则两之用息",

以"两一"表示对立统一,是中国古代辩证思维的深切概括。

中国古代有一种重视独立人格的思想,肯定人的价值,这种观点可以称为"以人为本位",即以人为思想的出发点,以人为终极关怀,而不诉诸宗教信仰。孔子肯定人人都有独立的意志,他说:"三军可夺帅也,匹夫不可夺志也。"孔子认为人生最重要的事是提高道德觉悟,而不必求助于宗教信仰。他说:"务民之义,敬鬼神而远之,可谓智矣。"肯定道德教育,不祈求于鬼神,从而冲淡了宗教意识,这成为中国文化的一个显著特点。孟子特别强调一个人作为人的人格尊严,他提出"生亦我所欲,所欲有甚于生者,故不为苟得也;死亦我所恶,所恶有甚于死者,故患有所不辟也"。所谓"所欲有甚于生者",即人格的尊严;所谓"所恶有甚于死者",即人格的屈辱。中国古代"以人为本位"的学说,肯定人格独立、人格尊严,这是值得肯定、值得弘扬的。

近几年来,有人认为中国文化重视"人伦",因而抹杀了独立的人格。对于这个问题需要进行深入的分析。君臣关系包含阶级对立与等级区分的关系,父子关系有所不同,属于同一阶级同一个等级,夫妇亦是如此。父母不得不承认子女也是同等的人,夫不得不承认妻也是同等的人。"三纲"之说否认了臣对于君、子对于父、妻对于夫的独立人格,但没有否认社会上人与人之间彼此相互的独立人格。长幼、朋友之间更都是平等的关系。从总体上看,重视人伦的中国文化并没有抹杀人们的独立人格。

1987年至1989年的两年间,社会上出现一股全面反传统的思潮,全盘否定中国的传统文化,甚至认为"抹杀独立人格的传统文化,真正的人不可能萌芽成长",这就是认为几千年来的中华民族还没有一个"真正的人"。这种民族自卑至于极点的荒谬论调,如果不是出于对传统文化的无知,就是崇洋媚外的洋奴意识的卑劣表现。在"中国人民站起来了"的时代,却有些人恨不得做外国殖民地的顺民,这实在令人惊异!这也可见,宣传中国文化中的优秀传统确实是十分必要的。

中国人民从古以来有一个坚持民族独立的爱国传统。汉、唐、宋、明以至于近代,都涌现了许多爱国志士、民族英雄,为保卫民族主权,维护中华文化而坚持斗争。绝大多数的人民都具有爱国意识。中国人民表现了巨大的凝聚力和百折不挠的坚忍性。这巨大的凝聚力和百折不挠的坚忍性不是偶然产生的,而有其深刻的思想根源。应该承认,传统文化中的"自强不息"的精粹思想确实起鼓舞斗志、激励人心的伟大作用。

应该承认,民族文化之中具有至今仍有一定生命力、至今仍应肯定的积极内容。我们要发扬中国文化中的优秀传统,其中包括儒学中的精湛思想,但从整体说来,不可能复兴儒学。儒学在中国占统治地位的时代已经一去不复返了。儒学作为"百家"中的"一家",仍然可以存在。

我们应发扬优秀传统,更重要的是发挥创造性的思维,解决以前未解决的问题,从而创建社会主义的新文化。

以上是我对于中国文化与中国哲学中的优秀传统的见解。我以为,考察中国文化与中国哲学的优秀传统,不是也不应从中西文化之异同着眼。中国有唯物论,西方也有唯物论;中国有辩证法,西方也有辩证法;然而同中有异,异中有同。西方重视个人自由,中国则重视人格尊严,这也有同有异。"爱国主义"是一个新名词,中国古代谓之"华夷之辨",谓之"精忠报国",但其核心精神与爱国是一致的。信持唯心论哲学的人,可能不同意我对于唯物论的赞扬,而高度赞颂唯心论的价值,这也只能各抒所见而已。

如果从中西文化的异同着眼,则应注意中国文化与西方不同的两个基本思想倾向:一是关于天人关系的"天人合一"的观点,二是关于人际关系的"以和为贵"的观点。在中国思想史上,所谓"天人合一",不同的思想家有不同的解释,其中比较精湛的是《易传》所谓"与天地合德、先天而天弗违、后天而奉天时"及张载"民吾同胞,物吾与也"的思想,肯定人与自然是一个整体,人与万物不是敌对的关系,而是共存的关系。孔子弟子有若说"和为贵",《中庸》说"和也者,天下之达道也",孟子说"天时不如地利,地利不如人和",都强调人与人之间的和谐即团结互助,这是具有重要意义的精湛观点。

(四)关于中国文化与中国哲学发展的前景

90年代,关于中国文化与中国哲学发展的前景,我发表了《中国文化的新时代》、《试论中国文化的新统》、《论中国哲学发展的前景》、《现代中国哲学发展的道路》、《中国传统哲学的继承与改造》等论文,对于中国文化与中国哲学的发展方向提出了自己的意见。我认为,近一百年来,中国文化已经经历了巨大的转变。在学术研究方面,自然科学已经跃居首位,受到异常的重视。在语言文字方面,白话文已成为通行文体,文言文降到次要地位。在社会道德方面,以"三纲"为主旨的礼教已受到激烈的批判,新道德正在建设之中。社会主义新中国文化的创建,必须以马克思主义普遍真理为指导,发扬中国文化的优良传统,同时吸取近、现代西方文化的先进成就。在政治上,马克思主义必须与中国革命实际相结合;在文化方面,马克思主义应与中国文化的优秀传统相结合。应该建立中国文化的新统,事实上中国文化的新统已经在建立之中。

我认为,哲学是时代精神的精华,时代是不断发展的,因而哲学也是不断发展的。今后的中国哲学,一方面要吸取近代西方哲学已经取得的成就,一方面又应不忘本民族思想的特点,珍惜中国哲学固有的优秀传统而努力加以弘扬。必须虚心了解西方自古希腊以来的哲学思想,了解西方哲学的丰富成果,但是不应"数典忘祖",忽视本民族的哲学遗产。30年代以来,中国哲学思想表现了两个特点:一是摆脱了经学的形式,著书立说,直抒所见,不再以古代经典为据;二是在一定程度上都受西方哲学的影响,具有融合中西的性质。

中国哲学发展的新时代应是一个新的"百家争鸣"的时代。"百家争鸣"是促进学术发展的正确方针,但是也应有一个主导思想。新时代的中国哲学必须有一个主导思想,同时也容许不同学派的争鸣。我认为,新中国的占主导地位的哲学思想应是具有中国特点的唯物论,亦即马克思主义唯物论与中国古典哲学唯物论的结合。哲学的发展必须兼重"综合与创新","综合"即将古代和近代哲学中符合客观真理的正确见解综合起来。虽云"综合",但是必须有一个中心观点,这个中心观点应是唯物论。在唯物论哲学中,也可能有不同意见,也应求同存异。这是我的意见。

1991年,应《高校理论战线》之邀,我写了一篇《我为什么信持辩证唯物主义》，我自30年代之初即赞扬唯物论、推崇辩证法，迄今六十多年，对于唯物论的坚持，老而弥笃。这篇文章表述了我对马克思主义唯物论的态度。

80年代以来，我又主编了几部书，一是《中华的智慧》，由方立天任副主编，方立天、程宜山、刘笑敢、陈来参加撰写，由上海人民出版社出版。二是《中国文化与文化论争》，是程宜山同志依据我的文化观点执笔撰写的，由中国人民大学出版社出版。此书出版之后，程宜山同志更撰别的著作，竟因劳致疾，不幸逝世。三是《中国唯物论史》，由衷尔钜、刘鄂培、葛荣晋任副主编，王步贵、郑万耕、李春平、周桂钿、廖名春等参加撰写，由河南人民出版社出版。

平生思想述要

我自青年时期,即对于哲学深感兴趣,广泛阅读了中国古典哲学著作及西方近代的英文哲学著作,常常思考一些哲学理论问题。当时国势危急,痛感国耻的严重,寻求救国之道,以为救国必须有知,于是确立了求真之志。自审没有从事政治活动的才能,于是走上学术救国的道路。事实上,也知道仅靠学术是不能救国的。中国的广大人民,在中国共产党的领导之下,经过艰苦卓绝的斗争,终于取得伟大的胜利,解决了民族危机的问题,"中国人民站起来了"这是我深受鼓舞的!

我的学术研究可分为三个方面:一是中国哲学史的阐释,二是哲学理论问题的探索,三是文化问题的研讨。

关于中国哲学，我做了四个方面的研究：（一）对于中国古代哲学的概念范畴的疏释，（二）发扬中国哲学中的唯物论传统与辩证法思想，（三）对于哲学史方法论的探索，提出哲学史研究的理论分析方法，（四）开展对于中国哲学中价值论思想的考察与分析。

中国古典哲学有一些独特的与西方哲学不同的概念、范畴，如"道"、"气"、"理"、"诚"、"神"等，这些范畴含义深邃，论者往往不得其解，我对于这些基本范畴进行了比较深入的钻研，提出了比较明确的解释。我认为中国自古以来有一个唯物论和无神论的优良传统，虽然唯物论在不同时代具有不同的表现形式，但是肯定客观实在、"坚持从世界本身说明世界"，都是一致的。中国古典哲学更富于辩证思维，我在《中国哲学大纲》及其他论著中对于中国古代的辩证思想做了较详的说明。我注意哲学史方法论问题，在重视阶级分析方法的同时，我提出了理论分析方法。以前的哲学史著作中很少论及价值观思想，其实中国哲学中价值观思想是比较丰富的。我近年发表了关于中国古代价值观的几篇文章，从而开拓了中国哲学史研究的新领域。

关于文化问题，我反对"全盘西化论"，也反对"东方文化优越论"，而提出"综合创新论"，主张兼综中西文化之长而创造社会主义中国新文化。我提出民族精神的问题，认为中国文化的基本精神可以用《易传》"自强不息"、"厚德载物"二语来表示。"自强不息"即努力向上、积极奋斗的精神；"厚德载物"即宽容的精神。"自强不息、厚德载物"可以称为"中华精神"。

以上略述我在中国哲学史研究和文化讨论中的意见，以下当对我在哲学理论方面的思想做较详的陈述。

1997年《张岱年全集》出版,这是他在为全集出版举行的座谈会上。

哲学理论问题,有西方的表达方式,如思维与存在、精神与物质;也有中国的表达方式,如理气、心物等。我作为一个中国人,比较习惯于中国哲学的表达方式。我经常考虑的理论问题是:天人关系(人与自然的关系)问题,事理关系(共相与具体事物的关系)问题,心物(精神与物质)问题,生命在宇宙中的意义问题,知识来源问题,真理标准问题,道德理想问题,个人与社会问题,等等。致思既久,于是得到一些基本观点。这些观点是:

(一)物我同实:主体与客体都是实在的;(二)物统事理:个体的物都是事事相续而有一定之理的过程,理在事中;(三)一本多级:物质是生命与心灵的本原,物质演化而有生命与心灵;(四)物体心用:物心关系是体用关系,心灵是身体所具有的作用;(五)思成于积:思维所运用的概念范畴都是由长期历史积累而成的;(六)真知三表:真知的标准有三个层次,即言之成理、持之有故、行之有成;(七)充生达理:人生之道在于充实生命力以达到合理的境界;(八)本至有辨:宇宙本原与道德理想属于不同的层次;(九)群己一体:群(社会)与己(个人)是统一而不可别离的;(十)兼和为上:兼容多端而相互和谐是最高的价值标准。

以下分别加以说明。

(一)物我同实——主体与客体都是实在的

物是客体,我是主体。物我之分,中国古代哲学中即已有之。孟子将心和耳目与外物区别开来,《中庸》讲"成己成物",将己与物分开。《管子·心术上》云:"人皆欲知,而莫索其所以知,其所知,彼也;其所以知,此也。"区别了所知与所以知。清初王船山(夫之)区分了能与所，断言："所登者山，不得谓登为山；所涉者水，不得谓涉为水。""所著于人伦物理之中，能取诸耳目心思之用。"(《尚书引义》)"能"是主体，具有主体性；"所"是客体，具有客观性。主体性即主体能改变客体的能动作用。客观性即不以主体的意识为转移的实在性。主体可以改变客体，但客体的存在不依赖于主体。佛家讲"唯心"、"唯识"，王阳明讲"心外无物"，都是错误的。主体的我，在别人看来，也属于客体。物与我同属于实在。外界是实在的，本是常识的观点。但在哲学上提出对于外界实在的论证，则外界实在就不仅是常识的观点，而是一个重要的哲学命题了。

(二) 物统事理——凡物皆是事事相续而有一定之理的过程，理即在事中

一切客体，皆可称为"物"，这所谓"物"即个体存在。一切存在都是过程，亦曰历程。就过程中的变化内容而言，谓之"事"。就过程中的恒常而言，谓之"理"。凡物皆是事事相续而有一定之理的过程，其中一定之理即是此物之性，亦曰本质。《论语》说"子在川上曰：逝者如斯夫，不舍昼夜"，一切都是逝逝不已的过程。"事"即过程中逝逝不已的内容。"事"逝逝不已，而亦现现不已，逝逝现现，谓之事事相续。凡物皆为事事相续的过程。事事相续，有其恒常屡现之理。物与物相互关联的变化内容亦谓之"事"，其事事相续亦有其恒常，亦谓之"理"。"理"即事事相续的过程中的恒常，不能脱离事物而存在。

我认为"事理"问题是"道器"、"理气"问题的更明确的表达方式。一般认为"事理"观念起于隋代佛学华严宗。其实不然。按《荀子·大略篇》云："凡百事异理而相守也。"王弼《论语释疑》云："夫事有

归,理有会。故得其归,事虽殷可以一名举;总其会,理虽博可以至约穷也。"(皇侃《论语义疏》引)足证"事理"观念古已有之。朱晦庵有"理在事先"之说,亦讲过"理在事中"。李恕谷则强调"理在事中"。现代英国哲学家怀特海讲"自然哲学",罗素讲"中立一元论",都以"事"(Event)作为哲学基本概念。我对于怀特海和罗素的"事"的概念很感兴趣。在《事理论》中,我兼综了李恕谷及怀特海、罗素关于"事"的学说,提出了关于事、物、理、性的见解。罗素讲"中立一元论",我则将"事"改造成为一个唯物主义的概念。

(三)一本多级——物质是生命与心灵的本原,物质演化而有生命与心灵

世界上有物质现象,有生命现象,有精神现象。物质演化而有生命,生命演化而有人类,人类有能知的心灵,具有精神作用。物质是生命与精神的本原,是谓"一本多级"。一切无生命的物,谓之物质,在中国古代哲学中谓之"气"。"气"即有广袤而能运动的存在。荀子说:"水火有气而无生,草木有生而无知,禽兽有知而无义,人有气有生有知亦且有义,故最为天下贵也。"(《荀子·王制》)这是中国最早的事物层次论,惜乎没有做详细的论证。"气"是水火、草木、禽兽及人共同具有的,是一切物类的本原。有"气"而后有"生",有"生"而后有"知",此"知"指知觉作用。有"知"而后有"义","义"指道德觉悟。就人而言,知觉作用与道德觉悟皆属于心。生与知皆以气为本,生命与心灵皆以物质为本。

我于1933年著论阐释新唯物论,曾谓新唯物论的精旨之一是"一本多级"。这实际上是以个人的观点来说明新唯物论。这是"一

本多级"的第一次提出。所谓"一本多级",即谓宇宙大化,物质是一本,物质演化而有生命,生命演化而有人类,人具有能思的精神。物、生、心是三个基本层次。

(四)物体心用——物心关系是体用关系,心灵是身体所具有的作用

哲学史上的心物问题有两层含义:一为形神问题,即身体与精神的关系问题;二为内心与外物的关系问题。关于形神问题,范缜著《神灭论》,提出了形为质而神为用的明确观点。关于内心与外物的关系问题,张载说:"人本无心,因物为心。"(《语录》)意谓心是物的反映。我认为所谓"心"即指人的心,没有离开人的身体而独立存在的心。宇宙演化经过长期过程而产生人类,人类的心亦经长期过程而逐渐发达。心非实体,而为人的身体所具有的作用。人亦一物,物为实体,而心乃是一种具有特殊构造的物质所具有的作用。

(五)思成于积——思维所运用的概念范畴是历史长期积累而成的

列宁说:"从生动的直观到抽象的思维,并从抽象的思维到实践,这就是认识真理、认识客观实在的辩证的途径。"(《哲学笔记》)这是关于认识论的最深刻的结论。生动的直观即感觉经验,抽象的思维即理性认识。理性认识实以感觉经验为根据。但是理性认识与感性认识有一个重要的区别,这就是感觉是个人的,而理性认识则具有社会性与历史性。思维活动是个人的,而思维所运用的概念范畴则是社会的,是在历史发展过程中形成的。荀子以"积思虑"来说明"礼义"的来源,我认为用"积思虑"来说明概念、范畴的来源,是符合实际

的。理性认识基于感觉经验,但不是直接出于个人的经验,而是成于多人的思虑的累积。西方先验论者认为概念、范畴是先验的或超验的,这是由于不了解概念、范畴等理性认识的社会性与历史性(我在40年代的研思札记《认识·实在·理想》中提出了这一观点,但未能做出详细的论证)。

(六)真知三表——真知的标准有三个层次,即言之成理、持之有故、行之有成

真知即是正确的认识,其内容谓之真理。真知的标准有三:一曰言之成理,即自语一贯,不自相矛盾;二曰持之有故,即有经验的证据;三曰行之有成,即取得实践上的预期效果。实践是最重要的真知标准,近人多谓实践是唯一标准,实则正确的认识必不自语相违、必不违反感觉经验。"三表"二字是墨家提出的,可以沿用。

(七)充生达理——人生之道在于充实生命力以达到合理的境界

有生之物都具有生命力,而人的生命力最为旺盛。生命力即是能改造环境而不屈服于环境的内在力量。生物与生物之间充满了矛盾,人与人之间亦充满了矛盾。"与接为构,日以心斗。"(《庄子》)人生必须正确解决生命现象中的矛盾。正确解决生命矛盾的原则谓之理,这是当然之理。人生之道,在于充实生命力,克服生命的矛盾,以达到合理的境界。

宋明理学中有所谓"义利之辨"与"理欲之辨"。经过几百年的历史经验,现在已经明确:重义轻利有偏失,见利忘义更是荒谬的;存理去欲亦有偏失,纵欲违理更是荒谬的。正确的原则是遵义兴利、循

理节欲。

（八）本至有辨——宇宙本原与道德理想属于不同层次

在中国古代哲学中，有一个久远的传统，认为宇宙的本原也就是人生理想的最高标准。老子以"道"为天地本原，宣称"孔德之容，唯道是从"。朱子认为世界最高本原是太极，而太极的内涵就是仁、义、礼、智"四德"。陆象山、王阳明认为道德的根源在于本心，本心亦即天地万物之本。我认为应将宇宙之"本"与人伦道德之"至"区别开来，这可谓"本至之辨"。人伦道德是宇宙演化的最高成就，可谓宇宙演化之至，是宇宙万象中的新的创造。有人类而后有人伦，在未有人类之前，无仁义礼智等道德原则可言。道德原则不能违背自然规律，但是一件事情可以合乎自然规律而不合乎道德原则。在自然界无所谓善恶，在社会生活中必须明辨善与恶。宇宙本原（本根、本体）与道德理想（理、义）属于不同层次。

（九）群己一体——社会与个人是统一而不可别离的

社会由个人组成，个人不可能脱离社会而生存，社会亦不可能离开所有的个人而存在。这是客观事实。然而社会与个人之间亦有矛盾。专制主义者假借"公"的名义压制个人，有的个人标榜"自由"而违背社会公共利益。这都是谬妄的。

我在30年代提出"与群为一"，意在以"与群为一"代替前哲的"与天为一"，以为"与天为一"未免过于玄虚，不如"与群为一"较为切实。但是"与群为一"并非否认个人应有的自由。

（十）兼和为上——兼容而和谐是最高的价值标准

孔子提倡"中庸"，宣称"中庸之为德也，其至矣乎！民鲜久矣"！

又说"过犹不及"。"中庸"即无过无不及。"中庸"是肯定许多事情有一个适度的问题,不宜"过",也不宜"不及"。这在日常生活中确实是必要的。但是在社会变革的时代,如果固守原来的"度",便可能妨碍社会的前进。程伊川释"中庸"云:"不偏之谓中,不易之谓庸。""中庸"强调不易,而社会有时需要变易。《易传》:"易穷则变,变则通,通则久。"我认为"中庸"不是无条件的。"中庸"观念不如"和"的观念更为重要。西周末年周太史史伯云:"和实生物。以他平他谓之和。"(《国语》)"和"是多样性的统一,实为创造性的根本原则。《中庸》云:"喜怒哀乐之未发,谓之中;发而皆中节,谓之和。中也者天下之大本也,和也者天下之达道也。"其所谓"天下之大本",指社会生活的基本;其所谓"天下之达道",指社会生活的普遍原则。吾以为"中和"之义胜于"中庸"。"和"是兼容多端之义,今称之为"兼和"。

以上是平生致思试图加以阐明的基本观点,有的论点在拙作论著论证较详,有的论点则仅做出初步的论证。这些观点的总倾向是将辩证唯物论的普遍真理与中国古典哲学的优秀传统综合起来,在方法上兼综了唯物辩证法与逻辑分析法。这些观点和我关于中国哲学史的见解与关于文化问题的"综合创新论"见解是完全一致的。

1993年,应韩民春同志之邀,为《我的哲学思想——当代中国部分哲学家的学术自述》撰写了一篇《分析与综合的统一——新综合哲学要旨》,又在《哲学战线》(山东聊城师院哲学所出版)发表了一篇《客观世界与人生理想——平生思想述要》,都是我的学术思想的自述。我今年86周岁了,如果还能再活几年,希望能写出一本关于哲学理论问题的专著。

往事杂忆

（一）我在初中读书时，学校（北师大附中）曾请梁任公先生到校讲演，我听不懂梁先生的话，只听懂"要培养健全的人格"一句。总算见过梁任公先生。

（二）30年代初，在北师大读书时，有一天学校请章太炎先生到校讲演，题目是"清代学术"。太炎先生步行到室内操场，钱玄同、吴承仕、马裕藻、朱希祖等"四大弟子"陪侍左右，由钱玄同先生代写粉笔。太炎先生的话我也听不懂，只听懂"顾炎武"三个字。总算见过章太炎先生。

（三）1931年，鲁迅先生到北平，同学谷万川邀请鲁迅先生到北师大讲演,讲演的内容是批判"第三种人"。讲演之后,同学们向鲁迅先生请教一些问题。有人问:先生为何不在北方教书?鲁迅先生答:他们排挤我,我不能来。有的同学提问时称鲁迅先生为"鲁先生",鲁迅先生不答;改称为"周先生",鲁迅先生才答话。谷万川叫了一辆汽车请鲁迅先生来,后又叫了一辆汽车请鲁迅先生坐车离校。近年有人回忆说鲁迅先生是步行离去的,这不合事实。我和谷万川请鲁迅先生上车离去,当时情景我还记得。

(四)在师大附中读书时,同学夏元瑜是史学家夏曾佑先生之子。我读过梁任公悼念夏曾佑先生的文章《忆亡友夏穗卿先生》,因而向夏元瑜借阅夏曾佑先生所著《中国历史》,读后很感兴趣。由夏元瑜的介绍,拜见叶浩吾先生。叶浩吾先生名瀚,是美术史专家。我当时年幼,未向叶浩吾先生多请教。夏元瑜后来毕业于北京师范大学生物系,多年不相闻了。(近来《北京晚报》有文章介绍夏元瑜的情况,说他于1947年到台湾任教,现已逝世了。)

(五)在中学读书时,友谊较深的同学有阮庆荪、庄镇基、杨士仁、谷万川、周骏章、陈伯欧、陶雄等。阮庆荪在中学毕业后入北京师范大学英文系学习,大学毕业后即回安徽,音讯阻绝了。庄镇基在北师大中文系学习,长于中国古典文学,新中国成立后在山东师范大学任教,改名为庄维石。杨士仁于中学毕业后入法商学院学习,因患肺结核不幸逝世,只活了二十多岁。谷万川参加革命工作,后被国民党逮捕,闻抗战开始后被释放,后来没有消息。周骏章后来在南京东南大学英文系学习,新中国成立后任西安师范学院英文教授,近年有通信联系。陈伯欧长于文学,笔名陈北鸥。陶雄长于京剧研究。陈于

"文化大革命"期间病逝。陶亦久无联系了。追念在师大附中学习时,情况犹历历在目,而老友或逝或远,难以复聚了。追忆往事,感慨系之!

(六)在中学读书时,因同学邹国政之介,认识了孙海波,当时他正在研习甲骨文。多年以后,闻孙海波已成为一个甲骨文专家。近年有时遇到甲骨文专家胡厚宣同志,说孙海波已经在"文化大革命"期间逝世了。往日与邹国政、孙海波的一段友谊,仍保留在记忆中。不意今年胡厚宣同志已因病逝世了。

(七)我在师大学习期间,认识了张恒寿、潘炳皋,成为莫逆之交。潘炳皋在美国留学时,为我购买了几本马克思主义的英文书籍,对我的帮助很大。50年代以来,恒寿同志与炳皋同志每年都要聚会几次。惜乎近两年恒寿同志与炳皋同志相继病逝,良晤难再了。

(八)1933年秋,我受清华大学之聘,任哲学系助教,讲"哲学概论"课程。因我当时已在报刊上发表论文多篇,故能受到学生欢迎。当时听课的有社会学系四年级学生刘古谛,与我年岁相仿,也能安心听课。

1936年,我在清华大学开"中国哲学问题"课,听讲的有冯宝麟、赵甡。后来冯宝麟改名为冯契,赵甡改名为赵俪生,新中国成立后都已是名教授,而仍称我为师,我十分感动。冯契同志于今年春初病逝,令我不胜震悼。

(九)1946年我再到清华任教,因冯友兰先生赴美讲学,我代冯先生讲中国哲学史。1946年至1947年,听课的有唐稚松、朱伯崑、王雨田、水泗誉、赵甡等。后来唐稚松改习数理,水泗誉改习化学,王雨田研习系统论等新说,朱伯崑替冯先生讲课,赵馪在广州军区工作,都有很高的成就。

(十)1937年北平沦陷后,我与王森都滞留故都,由王森介绍,认识了王锦第,王锦第与王森是北京大学哲学系同班同学。王锦第看过我发表的文章,颇相器重。1943年春节,他买一盆梅花送给我,至今感念不忘。

北京解放后,王锦第亦在北京大学工作。在教研室讨论明清思想时,王锦第以木刻本方以智的《物理小识》相示。当时我不了解此书的价值,对王锦第说,这书没有什么。后来才认识到此书含有重要的唯物论观点,深悔当时太不虚心了。

1956年商务印书馆决定将《中国哲学大纲》付印,而到1957年秋,我以言获罪,被打入另册,有人认为《中国哲学大纲》不必印了。商务印书馆负责同志仍决定付印,建议用笔名出版。当时王锦第已调到商务印书馆工作,前来询问我的意见。我和王锦第商定,改用"宇同"的笔名。此书总算正式出版了。

(十一)1943年,由王锦第介绍,我访问了中国大学校长何其巩先生。何校长请哲学教育系主任童德禧先生(字禧文)到舍间枉顾,邀我到中国大学任教,我感谢何其巩校长与童禧文先生的友情。抗日战争胜利以后,国民党接收中国大学,说何其巩"左"倾,把中国大学解散了。童德禧先生在新中国成立后受聘到山西大学任教,以后就没有音讯了。

(十二)30年代至50年代,常在熊十力先生处遇到林宰平先生。有一次熊先生回南,林先生和我同到前门车站送行。回来路上,林先生对我说：冯芝生年岁不算大，但他的学说已经定了，定得太早了吧！林先生治学态度最谦虚，故有此说。约在1946年，我到尚志学会访问林先生，林先生说："刚才梁漱溟先生来了，他到延安访问回来，他说蒋毛相争，蒋介石必败，毛泽东必胜。"林先生转述梁漱溟先生的话，给我以深刻的印象。

（十三）1947年5月，北平学生发起"反内战、反饥饿"运动。哲学系的学生访问我，我对学生说："今天内战的性质，是买办阶级反人民的残暴战争，知识分子无论如何应该做抗议的表示。"学生们将这次谈话贴在大饭厅的墙壁上，后来《观察》杂志第2卷第14期上转载了。

（十四）1953年，北京大学哲学系成立了中国哲学史教研室，教研室中年岁最大的是黄子通，年岁最小的是汪毅。汪毅原是燕京大学青年教师。1955年我讲中国哲学史的两汉至明清阶段，由汪毅任辅导。后来商定，我和汪毅合写一本关于王船山哲学的著作，我写世界观与认识论部分，汪毅写社会政治思想。由于我工作较忙，写得较慢，而汪毅写的部分很快完成了。我建议他可以先印出来。他找了一个出版社，很快印成《王船山的社会政治思想》一书，友人王孝鱼曾大加称赞。我写的《王船山的世界观》不久也完成了，于1954年将其大部分内容发表于《光明日报·哲学》副刊，题为"王船山的唯物论思想"。过了不久，汪毅忽患面部癌症，医治好了又复发，遂致不幸逝世！教研室中最年少者却最先逝去了。他的著作《王船山的社会政治思想》将长存于世。

（十五）1957年秋，我遭"反右"运动之厄，许多友人见面如不相识。1958年,到芦城参加劳动,同行的教师、学生亦另眼看待。有一天,老教授唐钺亦随众下乡参观,见到我后亲切握手,我非常感动。忆龚定庵诗云:"万人丛中一握手,令我衣袖三年香!"我颇有同感!

有一次在学校开会,见到金岳霖先生,金先生亦亲切握手。我也非常感动!

在芦城时,有一天忽患腰痛,坐卧十分困难,到芦城诊疗所求医,诊疗所崔大夫给我打了一次 B_1 针,立刻就好了。平生只打过这一次 B_1 针。我对于崔大夫十分感激,可惜忘了他的大名。他的友情长留在我的记忆中。

(十六)1957年我遭受劫难之后,有一天老友高静生(敦粹)来看望,他说了三句话:要坚强!要经得住考验!要利用有利条件!我很感动!高静生也是师大毕业生。

(十七)平生多梦,有两次梦却是事实的前兆。约在1944年,住在白米斜街3号,我住北屋,友人王孝鱼住东屋。有一天王孝鱼忽被日伪逮捕了。过了几个月,有一天夜里我梦见王孝鱼被释放回家,次日王孝鱼果然被释回家,同院张恒寿之夫人刘桂生也有同样的梦。可谓异事。

50年代初,北京琉璃厂古书店的古书还很多。当时我很想买到一部王廷相的"家藏集",我托友人魏广洲为我寻找此书,希望他能找到此书。有一天梦见魏广洲将《王氏家藏集》找到送来了。很希望此梦应验。过了几天,魏广洲同志果然将此书找到送来了。我大喜过望。

这两次应验的梦,都是偶然。

张岱年一家合影。他两边是老伴冯让兰和儿子张尊超,最右边的是儿媳刘黄。

（十八）史无前例的"文化大革命"中，流行"越有知识越反动"的口号，我感学术无望了。1978年党中央拨乱反正，肯定知识的价值，肯定教育的重要，我感到学术研究又有希望了。于是改陈子昂的诗句为："前既闻古人，后亦观来者（现在的青年人都是来者），念天地之长久，独欣然而微笑。"表达了我的乐观情趣。

1995年11月8日写完